反文革第一人

——劉文輝烈士

劉文忠　著／裴毅然　整理

獻給親愛的三哥

獻給先父先母

獻給所有文革浩劫中受難的中國人

序
青史迎英烈
──有這樣一對同案犯

裴毅然

　　劉文輝、劉文忠，兩位尚在絕大多數國人視界之外的文革受難者：一位是拼死公開反文革反毛的思想先行者，一位是他同案犯九弟，因為追隨哥哥的思想蹲獄13年。

　　當我讀到劉文輝的遺書，心濤拍岸，邊讀邊驚：「還有這樣的第一人！」較之遇羅克、張志新、林昭等反文革烈士，劉文輝的「先進性」體現在不僅僅反文革，而且明確反毛。這在反文革「基層義士」中，實屬獨步。眾所周知，在當年的社會氛圍中，反文革已屬不易，懷疑毛澤東更是「石破天驚」，敢於公開反毛等於神經病，類同反對天上有太陽。劉文輝所到達的認識高度，可謂站在時代之巔。當然，也正因為他站得太高，走在太前面，而且還是個「實幹家」──不願保持沉默，他支付了最高代價──30歲的生命。

　　劉文輝（1937～1967），20歲向領導提意見劃右，28歲因策劃偷渡戴上反革命帽子，開除工籍，押回原籍管制三年。1966年10月初，向全國14所高校冒死寄送反文革萬言傳單〈駁文化大革命十六條〉，11月27日被捕，1967年3月23日，關押不到4個月就定案槍斃，成為血祭文革第一人。3月20日，這位青年思想者在兩張紙上正反兩面細細密密寫下一份遺書，刺血簽名，緊折密迭嵌藏被絮之中。當年監規沿用舊習，須由犯人自備用品，家屬可領回處決犯衣被遺物，故遺書得傳於世。

　　大霧彌漫的文革初期，一位自學成才的青年能夠眾醉獨醒，

公開反毛，血薦軒轅，令我這位自以為「見多識廣」的文革研究者，也倒抽一口冷氣，聳然大驚。我十分驚疑：這位少先隊中隊長出身的車間團支書，叛逆思想從何而生？提供深入思考的思想資源從何獲得？反右前還在家中組織弟妹學習「毛著」，1963年怎麼就能看出中蘇大爭論是轉移視線，逃避「七分人禍」的指責？1966年居然站上時代之巔，成為「反毛鬥士」？雖然「反右幸嘗智慧果」，1957年劃成右派使他初睜迷眼，開始問出一系列「為什麼」，但從宏觀上檢視毛權威與史無前例的文革，對那一代青年來說，實屬幾無可能的歷史局限。劉文輝的二哥，參軍入朝、負傷立功的軍官，當年曾勸誡三弟：「一切服從黨的領導，做黨的馴服工具，這不僅是每個共產黨員的天職，而且也是每個革命青年應具有的品質。」

政諺有云：「領先三年是先進，領先三十年成先烈」。劉文輝的反毛，就是對當今大多數國人，仍遙遙領先。文革結束後，劉家於1978年底開始申訴，數次駁回，直至1982年1月才獲平反，長達三年餘。其間最麻煩的障礙就是反毛。平反後，烈士事蹟之所以不讓宣傳，也是中共劃出「底線」──反文革可，反毛不可。因為反毛已不是反文革的「路線問題」，而是反「無產階級專政」的根本問題。

經多次採訪九弟劉文忠先生及研析其回憶錄，劉文輝思想資源大致為三：

一、家庭影響。其父、叔為民國中上層人士，與英、美、日在華工作人員多有結交，劉文輝耳濡目染，接受到一些西方現代理念；母親出身名門，外公乃書畫大家胡公壽，二位舅舅為辛亥先烈，母親傲骨甚硬。

二、小學住讀教會學校，英語甚好，劃右後長期收聽「敵台」，美國之音、港、台、日本電波，積累了獨立反思的基礎，獲得甘為「義士」的價值自信。

三、十年自學，通讀《史記》、《資治通鑑》及諸子百家古

籍，結合近代西方社科經典名著，特別認同胡適標舉的
民主自由思想。握尺既正，辨謬自易。說到底，還是古
今中外人類的經典思想哺育出這位「早醒者」。

1982年1月，歷盡周折，飽受苦難的劉家終於等來上海高院
平反書和象徵性1000元賠償金，但出於眾所周知的「淡化」政
策，當局至今封閉檔案，劉家既得不到那兩本劉文輝所撰凝聚他
思想精華的小冊子和〈駁「文革十六條」〉原稿，也無從得知審
訊劉文輝的具體細節。就是那份遺書，保留過程也相當艱難。先
是其母拆洗獄被時偶然發現，劉父提心吊膽保存數月，轉交下鄉
雲南的五子，五哥懾於環境，用毛選下劃字設置密碼的辦法隱存
遺書，燒掉原稿。

根據曾幫三哥劉文輝抄寫萬言傳單的九弟劉文忠回憶，劉文
輝在寄送全國14所著名高校的傳單──「駁中共中央十六條」，
主要思想如下：

社會主義革命是「窮兵黷武主義新階段」，是戰爭的策源
地⋯⋯毛澤東以解放世界三分之二的人民之謬論，以支持亞非拉
輸出革命為由，是完全不顧中國人民的死活。今天中國所謂的社會
主義革命新階段實質上是毛推行的鎖國排他主義，是一場反民主自
由、反經濟實業⋯⋯對毛的「最高指示」更要採取獨立思考，盲目
接受將貽害無窮⋯⋯毛的無產階級專政下繼續革命的理論是謬誤，
是用階級鬥爭惡性報復為奴役人民的手段。文革是毛發動的又一次
暴力革命，暴力革命必然走上恐怖專政，推行法西斯主義⋯⋯中國
民主主義者應在抗暴旗幟下聯合起來，不要怯懦，要揭竿而起，軍
隊與幹部要站在人民一邊，奪取武器、佔領機關、監獄、機場、碼
頭、電台、報社⋯⋯批判資產階級是一場大倒退，是毛精心策劃的
又一場陰謀，目的是進一步清除中國知識分子的自由思想與獨立思
考精神⋯⋯毛推行的焚書坑儒政策是對中國知識分子史無前例的大
迫害，比秦始皇有過之而無不及，號召知識分子不要輕易自殺，要

起來反抗,就是自殺,也要學越南僧侶當街自焚,去天安門廣場或上
海的人民廣場去自焚……反對「黨指揮槍」的謬論,認為軍隊是國家
的,不是毛的家兵……對林彪的「頂峰論」主張部隊應研究批判……
號召軍隊要參與抗暴,武裝部署,裡應外合,推翻毛的暴政。

劉文輝對九弟說:「毛澤東發動的這場文化大革命,狂瀾奔
騰,是一場禍國殃民的大災難,十六條是對中國人民的毒害和控
制,是殘害知識分子和國家忠良,我一定要大聲疾呼地揭露它!
遏止它!」「這件事一旦暴露,是要『殺頭』的,我不怕,你怕
不怕?」「學習歷代志士仁人『挽狂瀾於既倒』的大無畏的精
神,古今中外反專制反獨裁必然有人以身許國、拋頭顱灑熱血,
喚起苦難而軟弱的民眾奮起反抗,那麼今天就從我劉文輝開始
吧!」

劉文輝認為中共幹部的二哥中毒太深,被毛澤東愚民政策所
俘虜,自棄民主自由權利。他與二哥辯論:「這叫馬列的什麼主
義?這是毛澤東的什麼思想?還不是搞亂社會、禍害民眾,特別
是鎮壓廣大知識分子,鬧得中國大地百業難興,民不聊生,死氣
沉沉。」當年全民高唱「文化大革命就是好」,為「史無前例」
興奮不已之時,這位思想先行者就已認識到:「國家與民族的大
災難來臨了」。

劉文輝作為已知的「文革反毛第一人」,公開觀點,飛蛾撲
火,微軀擋輪,明知不可為而為之,確實「使所有苟活者都失去
了重量」。但對一個國家與民族來說,需要用鮮血換取認識,需
要用頭顱證明「毛政權下有義士」,雖然青山有幸迎忠骨,畢竟
槍彈無辜射英傑,代價也實在太大太殘酷了,義士的「誕生」竟
以社會的黑暗為天幕!

劉文輝用自己年輕的生命捍衛「領先」的認識,捍衛社會理
性,筆起一道民間知識分子的脊樑,劃下黑夜中的一抹光亮,也
為那個時代的全體知識分子保留了一點顏面──畢竟還有一位如

此深刻的清醒者、一位敢於公開反毛的勇士。就是入獄後，劉文輝若稍識時務、稍稍服軟認錯，至少可免殺身之禍，當年辦案幹警亦曾多次如此開導他。

「毛政權下有義士」，劉文輝昂首走了，將無限的愛國深情化為一紙思考，靜靜地留給世人，讓所有左迷者失去「存在重量」，讓所有同時代知識分子自量差距。1982年的平反，只是相當有限的平反，他以鮮血捍衛的思想，至今仍屬「不合時宜」，仍未得見天日，遑論接受認同。時代與他之間的差距，既是劉文輝悲壯的「領先」，也恰恰就是今天需要補上的距離，需要完成的社會進步。眾所周知，只有完全理解先行者，才算真正趕上先行者拋留的時差，才是真正尊重尚未走遠的先行者。

如今，九弟劉文忠沉痛出版《反文革第一人——劉文輝烈士》，詳述該案始末，為歷史留證，為「偉大的毛澤東時代」留證，不僅震撼了我們這一代文革親歷人，相信也一定會讓青年一代「大開眼界」，真正走進那一段歷史。在反文革基層義士中，《反文革第一人——劉文輝烈士》還是第一本成規模的傳記，該著必將進入文革研究者視野，成為文革研究價值深遠的新材料。

同案犯九弟劉文忠，失去自由尊嚴13年，他這一段漫長的牢獄生涯與不堪回首的經歷，能夠得到保存，也是一份難得的「大牆資料」。更可貴的是：這位殘腿兄弟念念不忘他的三哥，決心不讓三哥湮沒史塵之中，於成功經商的巔峰處激流隱退，潛心著書，捧三哥事蹟於世人。

無論如何，一位被「平反」的文革英烈與他的同案犯，至少應有一份控訴的權利。終於，九弟做到了，劉文輝終於進入公共視野，以其實績當之無愧躋身文革英烈長廊，得到他應該得到的歷史注目禮。

原載：《前哨》（香港）2009年第7期

目次 │ CONTENTS

第四章　家人的追憶

引子

1966年10月1日清晨，國慶十七周年，我，一個十九歲的殘疾少年，獨自乘火車從上海來到杭州。下車後，即一路上尋找路邊的郵筒，從隨身的包裡拿出一封封信投遞，接著，乘公共汽車來到秀麗的西子湖邊，沿著湖濱大道，一路尋找郵筒。

下午三點鐘左右，我投完信，登上北高峰的靈隱寺，但見寺廟荒廢，遊客寂無，正在傷歎文革「破四舊」帶來災難時，我一摸背包中還剩下一封信未投寄，情急之中，向坐在寺門口的一位戴糾察袖章的女同志打聽哪裡有郵筒，她揚手指點說，轉彎靠辦公室牆上掛著就是，我想都沒想，又跛著左腳過去將最後一封信塞入了郵筒。

這時，我鬆了口氣，好像完成了任務似的，趕忙返回車站，搭乘夜車回上海。

我是誰？
為什麼要從上海去杭州投遞信件？
投遞的是什麼？
為誰做這件事？

我投遞的是十四封寄往全國八大城市十四所高校匿名信，由我的三哥劉文輝——曾是上海滬東造船廠的一名摘帽的「右派工人」寫成，長達萬言，題目為《駁文革十六條》，針對當時億萬人之上的毛澤東及中央所發佈的《文革十六條》而寫，信中批判文革是一場禍國殃民、窮兵黷武的大浩劫，而毛澤東正是這場浩劫的罪魁禍首，是殘害人民、給國家和民族帶來深重災難的暴君

和獨裁者。

1966年，整個中國沿著解放後從未停止過的鎮反、肅反、合作化、三反五反、反胡適、反胡風、反右派、大躍進、公社化、反右傾、四清等一系列沒完沒了的階級鬥爭，進入了更瘋狂的「文化大革命」，階級鬥爭成為懸在上至中央黨的高層領導、國內高級知識分子下至平民百姓頭上的一把利劍，任何人稍不小心就可能因言獲罪，而上海作為全國最大的城市，亦成為緊跟紅色之都北京的又一個「文化大革命」高潮中心。這樣的信和文字在當時可以被稱為犯下「彌天大罪」。

我三哥是誰？一個三十歲的年輕人為什麼在這樣一個人心遑遑、夾著尾巴做人都怕引起不測之災的年代，敢將嚴厲批評和譴責的矛頭公開直指中國第一號人物毛澤東？

第一章　劉家棟梁柱

　　我和三哥出生在上海一個知書識禮的職員家庭。

　　父親劉宗漢早年先後在外資天祥洋行、美國友華銀行、浙江實業銀行和叔叔開的香港順泰貿易公司工作。1937年，三哥出生時，正值抗日戰爭全面爆發，父親也開始失業，幾次避難搬家。後來，父親進入浙江興業銀行，開始有了長達八年的穩定工作。憑著忠厚勤奮的敬業精神，父親在興業銀行的工作一直獲得好評，工資報酬不菲，家境也逐漸穩定下來。抗戰勝利後父親又進入聯合國善後救濟總署中國分署工作，曾為了二次押送分配給共產黨解放區的物資，一度擔任過救濟總署專員。

　　1947年，已有了五位哥哥、三個姐姐後，我也呱呱墜地，那天，正巧風雨交加，母親因此給我起了乳名「雨弟」，父親年逾半百，再得貴子，心情興奮，認為日子會良好起來，按「文」輩排行，給我起名「文良」。不料我出生十個月後，突發高燒，患上小兒麻痺症。經搶救治療，小命保住了，但左腳殘疾了。讀小學時，父親特地給我改名「文忠」，他說：「雨弟不良的是一隻腳，忠厚誠實才是做人的根本。」慈祥的母親喃喃自語：「雨弟這孩子真是命苦，風雨中出生，左腳又殘疾，將來不知要吃多少苦……」

輟學助母

　　解放後，父親的工資收入大幅下降，又開始接受政治審查，全家人生活開始窘迫無計，特別是1954年，父親辭職退居家中，失業無收入，出身名門的母親開始一點點變賣陪嫁時的細軟支撐

全家生活。

　　日子越來越艱難，即使有長兄、姐微薄的工資貼補，家中也
入不敷出了，懂事的輝哥，時年十六歲，剛讀初二，他主動輟學
離開大同中學，於1952年進入滬東造船廠當學徒工。三哥性格堅
毅，喜動，腦瓜子靈活。小時候很調皮，時時出新點子淘氣，爬
樹、翻屋頂、踢球、掏鳥窩、打彈子，不是踩碎人家屋頂瓦片、
就是打碎人家玻璃窗，常惹父母親生氣，周圍鄰居都喊他「搗
蛋鬼」、「小強盜」。叔叔購置的江陰街63號是個單獨的有棟二
層樓洋房的大院子，裡面住了四戶出身不好的富裕人家，還有
一家小工廠，我們家住在最高處，跨出窗戶就是人家屋頂，高低
連成一片。三哥喜歡爬屋頂，這是他的樂趣，他說，站得高，看
得遠。父母平時教育子女很嚴，因為三哥的調皮經常有鄰居上門
告狀，所以父親下班就常常狠狠打他，以致結婚時戴在手上幾十
年的一隻貴重的玉鐲都打斷，輝哥長大後提起此事還後悔自責。
三哥不僅頑皮，而且從小倔強有叛逆反抗性，遭父親打罰後，會

1941年輝哥和母親及姐弟

跑出去不回家，都由母親與二姐找回家。父親沒辦法怕教育不好他，通過外國牧師朋友，送他到離家很遠的寶山教會學校去住讀。想不到這對輝哥起了很大變化，在牧師的誘導教誨下，他開始認識到是非善惡，學會仁愛之心，頑皮的個性開始收斂，並喜歡上學習英語。從教會學校住讀出來的三哥變得舉止禮貌、知書達禮。父親曾告訴我們，自己在銀行工作幾十年離不開一手好字與一口流利英語。他說：「寫一手好字與會講外語，是將來闖社

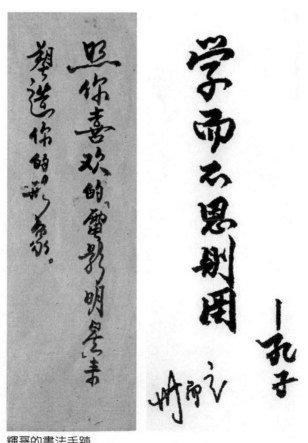

輝哥的書法手跡

會必須要的功夫」。在父親的嚴厲督促下，三哥與二姐都練出一手端正漂亮的楷書。後來輝哥轉入市區大同中學讀書，很快被選為少先隊中隊長，成為一個令人羨慕的升旗手。

輟學進工廠的輝哥離開父母的呵護，獨立闖蕩社會，好像變了一個人，更知曉不少事理。他埋頭苦幹，勤奮好學，虛心鑽研技術，博得師傅、同事、上級尤其是廠裡的蘇聯專家的好評。三年沒到就提前滿師，後又鑽研船舶放樣技能，很快在船體車間擔任放樣技術工作，逐步晉升為四級技工，並受到蘇聯專家器重。他不僅技術能幹，而且思想進步，1956年7月入了團，不久擔任了船體車間團支部書記。他當時二十出頭已是四級半工六十六元工資，比兩個姐姐都高。但他深感自己學識淺薄不足，為了更進一步提高技術，他考進總工會辦的夜中專進修。

當輝哥滿師後有了工資，立即意識到父母的艱辛，家中還有

青年技術革新能手輝哥（左二）與廠領導及外國專家合影

18歲時的輝哥

四個弟妹在求學，自己已不幸輟學進廠學徒，不能讓弟妹再步自己後塵，失學擔誤了前程。自己必須為家庭承擔重任，幫母親持家。從此，他月月開薪，第一時間就送給母親，自己僅留下簡易的生活費，從初始的三十元、四十元到四十五元，月月從未斷過。因為忙於工作又要晚上讀夜校，輝哥難得回家，但為了不讓母親擔憂錢幣不足，每月開薪就托人當日捎來，四哥文正經常定日定時趕到永嘉路嘉善路的石庫門弄堂某號的灶頭，間接從他同車間的技術員手中拿到工資，回家交給母親。正由於感受了輝哥的言傳身教，四哥文正參加工作後，同樣年年月月從不耽擱匯上三十元給母親，直到結婚成家。

青年右派

　　1956年5月，我們家從南市區江陰街喬遷至大姐申請的江南造船廠住房，四哥文正和三姐文珠也轉到盧灣中學上學，五哥文龍和我在日暉小學讀書，父親在家歇業，被居委會動員義務在日暉小學擔承夜間掃盲學校負責人，母親操持家務，同時照看幾個小外甥。本來一家其樂融融地過太平日子，卻不料隨著黑雲壓頂

的反右鬥爭，殘酷摧垮了我們平靜的生活。

1957年中共中央在全黨開展整風運動，號召全國人民大鳴大放貼大字報，向黨內存在的官僚主義及一切腐敗作風毫不留情地開火。僅二十歲的輝哥，作為優秀的團員青年、工人骨幹，船體車間最年輕的工長，也隨著運動浪潮，熱情響應黨團組織號召，幫黨整風提意見。

輝哥興奮地給二哥文兵的信中寫道：「二哥，我現在已經不是你過去想像中的兄弟了。目前我們的生活還相當艱苦，但弟妹都勤奮讀書，所以我們家有希望，有前途。我現在調離車間，在技術科當檢驗員了。最近黨中央要整頓黨風，發動群眾大鳴大放。共產黨的運動真及時，黨風再不整頓，共產黨就要走到邪路上去了。我在這次運動中一定要幫助黨將黨內的腐敗風氣整頓乾淨。

他一個初出茅廬的火熱青年，憑著一股愛國愛黨愛政府的熱情，寫了一些揭露廠領導官僚作風和生活腐敗的大字報，特別是把廠長拋棄了一起參加革命戰爭的患難妻子、與剛入廠工作的大學生勾搭成奸之事寫成大字報，貼在了進出工人最多的中心船塢碼頭。這下如炸彈掀起軒然大波，廠長無地自容，拍案大怒，責令廠保衛科廠團委施加壓力，要輝哥寫檢查，撤回大字報，向廠長賠禮認錯。輝哥堅持不理，認為寫的都是事實，拒不妥協低頭。於是被廠裡劃為右派分子，撤去工長職務，開除團籍。這彌天大禍壓得他迷茫不解，不就是聽從黨團號召舉事實說明個別人改正錯誤麼，咋變成反黨反人民的右派分子了？輝哥百思不得其解。他默默地在車間幹最髒最累的工作，接受所謂的改造。在家裡又無奈地受到當志願軍的二哥指責，不許他影響弟弟妹妹。

自戴上右派帽子變為「另類人」，輝哥的性格一改原來的活躍勤奮、樂於助人，變得沉默寡言、面無笑容，只知埋頭苦幹、小心謹慎，不敢出頭露面恐遭人非議。曾有次，他告訴四哥文正，因連日的陰雨，單位宿舍至廠區的道路淤泥濘滑，他穿著長

筒膠鞋，身上穿的是二哥的舊軍裝，但被他染成黑色，頭上戴著他平時喜愛的學生壓舌帽，被某同事笑喻，「你這身著裝好似電影裡的德國納粹蓋世太保」，他當時一驚，事後發誓再也不戴帽子了。

反右後期，黨中央知道反右已擴大化，因此糾正工人階級不宜戴右派帽子，故按政策為輝哥平反、恢復團籍。但已經潑在他身上的汙水臭氣不散，他將仍是另類遭人冷眼相待。而運動過程中的「幫助」、檢查、批鬥、孤立、改造、監督已深烙在他心靈深處。那些被定為「反社會主義」的千萬無辜受迫害、或被開除公職、下農村監督勞動、進勞改農場或入獄監禁的右派的遭遇令輝哥揪心，悲痛時時撞擊著他的心靈。輝哥是個熱血青年，他為此心憤不平卻無可奈何。他要吶喊聲討，可鐵幕暴政壓抑他沉默不可言，他只能苦苦掙扎。另一方面，他又嚥不下這口氣，有一次他對四哥文正說，「我一定要分辨是非，弄明白這是一回什麼事？為什麼要我承擔莫明其妙的罪責？究竟這反右運動的起端、根源、目的是什麼？」他下決心要明白道理，不做糊塗蟲。

反右前，三哥曾組織四哥和珠姐、慧姐共同學習過毛選，每人配備一套，定期學習某一卷某一篇文章，相互交流、寫感想、談心得。三哥在熟讀毛選基礎上，又開始普讀馬恩列斯和其他相關的哲學書籍。三哥從各大舊書店購買了《資本論》、《反杜林論》、《馬恩書信錄》、《政治經濟學》、聯共（布）黨史，以及費爾巴哈、黑格爾、傅立葉、歐文等人著作。三哥一直認為，讀史可以使人明智，但他發覺讀馬列、聯共（布）黨史也有陷阱，讀多了使人無力分辨真偽，滿腦殼裡裝的都是漿糊，即使有「智」也「明」不起來。所以他開始放棄了馬列研究。

輝哥從廠辦夜中專畢業，為了獲得更多的知識，他向廠方申請繼續報考夜大學，因廠方無夜大，就同意他去報考夜大外讀。滬東造船廠在浦東，他每星期三個晚上下班後步行到慶寧寺，過擺渡趕到浦西虹口上外讀夜校，盡量節約車費。在學習緊張或考

試階段，他怕夜裡遲到，無奈向住閔行的二姐借用了自行車，一過緊張階段就還給二姐，因為他知道，這輛自行車是二姐一家人每天必用的交通工具，他不忍心長期借用下去，而寧願自己步行上夜校。

為此他過著苦行僧似的生活，省吃省用，一年到頭穿著工作服，除此就是二哥文兵留下的幾套褪了色的軍裝，衣服鞋襪補丁許多，但總是洗得清清爽爽。有一次他廠裡工作忙，一雙襪子破了請二姐文慧補一下。慧姐翻來翻去發現已無法再補了，就買了一雙新襪送給他。但輝哥卻無論如何不肯接受。他因為自己失去了學習機會，所以儘量節省零花錢，積極培養弟妹讀書，甚至連每月的理髮費也節省了，叫同事幫忙剪一剪，更不用說年輕人中間流行的跳舞看電影等娛樂了，這一切對他來說幾乎都絕緣。為多些錢買書和多些時間學習，輝哥寧可替同事做夜班，掙幾角夜班費及白日可在宿舍裡讀書。

五十年代末到六十年代初，公私合營後還留下一些舊書店，管理不像國營新華書店那麼嚴格，有大量舊書刊物出售。三哥的業餘時間幾乎都花在那裡，他結識了一些舊書店業主與收廢書報的人，特意請他們幫忙收集外國政要等名人傳記，他還專門收集了56年至57年的文藝報、文藝月刊、小說月刊、詩社、收穫、世界知識等刊物，說這裡有短暫百家爭鳴、百花齊放的好文章。在家裡他收藏了不少從建國初社會主義思想改造運動開始，包括52年批判胡適、55年反胡風、57年反右的各種書刊雜誌，特別是被這些政治運動批判打倒的人的原著。上海淮海中路舊書店與福州路上各種書店是他淘精神糧食的地方。61年輝哥去嵊泗工作後，每次從舟山回上海探親，他總去那裡淘寶，帶走整捆喜愛的舊書。

62年全國情況更糟，農民個個吃雜糧挖野菜苦度饑荒，又嚴禁逃荒，各處均有餓死人的情景，城市也大告不妙。輝哥聯想到58年大躍進，人為地違反科學違背自然，大興砍伐森林，大肆吹

捧全民煉鋼，胡扯放衛星，畝產萬斤、十萬斤。59年毛澤東又舉大棒將以彭德懷為首的一批老幹部定為右傾反黨分子。輝哥告訴我們，這純粹是毛澤東持個人獨裁大權，打擊壓制報復彭德懷。彭早年因不聽從毛消極抗日獨自發動百團大戰和抗美援朝時長子毛岸英被炸死兩事，毛一直對其耿耿於懷，這次正好彭德懷上萬言書撞上槍口，毛翻臉不認人，施殺手將其打入地獄。輝哥又對我們談及右派被鬥的冤屈，說這是毛澤東一大陰謀。毛先散播全國一片祥和，提倡百家爭鳴百花齊放，歡迎黨內外人士幫助黨整風、提不同意見，發表各種觀點、政見，給黨參考、借鑒，故意低姿態虛心接受，而當廣大黨內外人士推心置腹、敞開心扉把多年積壓的不滿牢騷一股腦講出來後，毛與一班事先設計好的當權者立即翻臉不認人，無情地舉起大棒痛下殺手。此舉將各在野民主黨派主要領導人清除出局，另扶植了一批投機鑽營、溜鬚拍馬的卑鄙小人與傀儡搖旗吶喊，奉旨顛倒黑白、控制言論，對毛連篇累牘地歌功頌德，將事實真相埋在一片血淚之下。翻來覆去的謊言蒙蔽了善良的分不清是非的群眾。毛還將全國各地發表民主派人士不同言論的報紙刊物改組、收編或停刊，把全國變成了一言堂。

輝哥特別崇敬魯迅先生的為人，正氣正直，不畏權威不畏強權，不怕人非議。他欽佩魯迅先生歷史知識淵博，縱論封建皇帝，抨擊文字獄，怒斥暴政愚民。他說，魯迅先生一貫力主人性為本，這就必尊奉個性而張揚精神，他多次闡明人一要生存，二要溫飽，三要發展，四要有思想，不要苟活做奴隸，要理直氣壯地獲得生存的權利，這是國家社會的基石。要達到人人溫飽，社會才可良性發展，要讓百姓暢訴心聲、表達思想，發表意見，才能展現社會的平等自由、和睦興旺。輝哥又指出，魯迅晚年1932至1934年參加「左聯」中已與共產黨領導的社團就當時的文藝革命路線各抒己見，出現分歧，矛盾加重，以至受到圍攻、批判，直到破裂分手，又被戴上右傾機會主義帽子。如果魯迅有幸活到

現在的話，憑他的為人，凜然正氣、思想卓然、獨立的民主民生之人生觀，必然也將被戴上大右派帽子。

輝哥十分推崇巴金先生，而對巴金的四川老鄉、同一時代的郭沫若，卻十分鄙視，視之為御用幫閒文人，專門奉承吹捧毛澤東。他說，巴老正直，敢面對權貴直抒心中所想，不奴媚粉飾，違心曲奉，欺人欺世。57年巴老在解放日報敢大膽直言，對當時文藝工作的弊病，例如違反藝術規律，不講藝術民主、不重視實踐檢驗、不顧人民群眾喜好、不充分調動發揮作家藝術家的積極性等不良現象都提出嚴肅的批評，他主張作協最好讓作家發揮個人創造性，少領導指示規定，靠領導的指示、把藝術品視作工業品限定時間、趕任務是寫不出藝術作品的。對當時文藝界出現壓制藝術民主，老是提著棍子到處亂打人的惡劣現象，作了直言不諱的尖銳揭露。

輝哥說，以姚文元為首的極左思潮的弄潮兒就說假話、大話、以浮誇惡劣的極左評論全面否定巴老的《愛情三部曲》、《激流三部曲》，甚至連魯迅先生也被全盤否定，說魯迅不寫輝煌的太平天國、捻軍、義和團農民起義，卻寫愚昧的落後的農民阿Q，又寫一個不覺悟的順從命運擺佈的祥林嫂，而魯迅先生為什麼不寫五四時期先進的共產黨革命者的光輝形象？所以說魯迅先生就不是一個革命思想家。

輝哥還崇敬學者兼記者的鄒韜奮先生，他倡辦《生活週刊》、《生活日報》，書寫《萍蹤憶語》等遊記，把周遊世界的經歷、見聞、他國的社會制度、民眾的生活、風俗人情及科學發展、學校文化一一展現給國民一睹為快，使國民看到了光明，瞭解了新的世界，明白同樣是人，為什麼人家是那樣地生活，而國民又是處於水深火熱的艱難困苦的飢餓中。四十年代，美國在二次大戰戰火的考驗下，全國克服了戰爭給人民帶來的災難，不忘為國捐軀親人的崇高胸懷，民眾一心奮起重建家園，國家欣欣向榮、社會安定，國會、政府、法院三權分立，富人窮人平等、自

由、民主，凡法無明文規定的什麼都能做，什麼都能講。教學、醫療、福利人人共用，科學昌盛。韜奮先生訪問大學，考察學院校風與學術、學生生活、學生與教授的關係，與大學生一起去海灘暢遊，令他吃驚的是男女一起裸泳，開放程度令他目瞪口呆，對比中國仍男尊女卑、男女授受不親的封閉，正如天地之差。而報刊媒體言論自由，哪怕批評、謾罵政府、當權名流都不用懼怕飛來橫禍，更不怕因文字、言論而遭罪難。

輝哥通過一位位前輩學者文人的眼睛、思想瞭解世界，反思現狀。

輝哥將重新得到的團徽郵寄給二哥，告訴他自己的冤案平反了，但他也由此清醒，再也不要這團徽了，從此他將輕裝走自己的路。

探索真理

輝哥沉浸在中外古今知識文化的海洋裡，鑽進了現代文明思想的智慧寶庫中。他每看一本書都認真研讀，並摘錄要點，用紅筆鉤劃出來，同時寫上評語、感想及聯想其他書籍關聯內容的意見。他一再讓四哥去舊書店尋覓歐洲資本主義社會民主主義革命家的專著、唯物主義的哲學書籍。自己還訂閱《世界知識》叢書，從中獲悉現實世界發生的變化，他從每期介紹的外國知名政治人物、學者、專欄作家的文章裡，向我們介紹甘迺迪、戴高樂、尼赫魯、赫魯雪夫、蘇加諾、李普曼、基辛格、……諸人的經歷、見解、觀點、成就，使我們從中得到點撥、啟發、感受。

輝哥通過知識叢書，認識了英國古典政治經濟學中的深刻內涵，瞭解到了歐洲歷史上的重農主義、重商主義，以及著名的經濟學者亞當・斯密、凱恩斯等。輝哥還驚訝地發現，馬克思在歐洲人眼裡只是個經濟學者，他的資本論僅屬政治經濟學的一種。輝哥從馬爾薩斯人口論聯想到，中國學者馬寅初提倡節育有利中

國發展卻遭到愚昧盲目的批判、打擊，從而使中國人口驟增幾億，阻礙了社會的發展。

　　隨著二次大戰結束，世界各地在蘇聯史達林與國際共產聯盟支持下，共產主義運動蓬勃發展。亞洲有中國、朝鮮、越南、蒙古，印尼等國，當時印尼共產黨主席艾地領導的八百萬名共產黨在議會起著舉足輕重的力量，印共、緬共、錫共也都不可忽視。歐洲更以西班牙、法國、義大利的共產主義政黨為該國第一大黨。可是好景不長，戰後美國推行馬歇爾計畫，很快地刺激歐洲諸國的經濟復興，加上歐洲諸國民族根深蒂固的民主、自由傳統和以人為本的宗教意識，共產主義運動逐漸衰落，曇花一現。輝哥瞭解了國際共產主義運動的衰落形勢，並為此深深反省，不再深信以專政犧牲民權、控制言論、剝奪民眾自由、踐踏民眾意志的社會制度會長久維持下去。

　　輝哥瞭解英國國家制度後，深刻地比較其議會制與中國人大、政協之明顯的差異和優劣。我們的政府是根據政黨意志作出決斷，採取行動行使權力。而議會是依據人民推舉的代表，以人民的權利制定法律，制約政府的權力。議會的主要職權是立法、監督財政和監督政府，規範官員行事。凡是公民，只要不是被法律禁止的事都可以做，即「法無明文者不為罪」。從孟德斯鳩、盧梭等人著作中，輝哥清楚明白了行政、立法、司法三權獨立、互相制約對一個國家社會制度的重要性、必要性。民權是國家社會的根本，只有人人平等自由，社會才和諧文明，國家才繁榮富強。

　　馬丁路德宣稱，當一個政府破壞了法律，墮落成暴君的時候，老百姓就沒有義務服從它了。

　　宗教改革家加爾文主張，「人民有權拿起武器反對任何篡奪殘害人民的行為。」

　　法國作家法朗索瓦・奧特芒認為，「在統治者和人民群眾之間存在著一種契約的聯繫，當政府破壞那個契約的時候，人民就

可以起來反抗暴政。」

　　德國法學家約翰·阿爾圖斯在他的「政治論」中說，主權作為最高的國家權力來自其全體成員的自願的集合，政府的權力來自人民，如果它不義地超越法律或者暴虐地行使這種權力，那人民就可以不服從，並且完全有理由反抗和起義。

　　輝哥從中世紀索爾斯伯利之約翰的「政治家之書」瞭解：當一個君主不依據法律掌政而墮落成為一個暴君的時候，用暴力推翻他是合法的合理的。

　　十七世紀，英國有兩個君主查理一世和詹姆士二世，由於專制行為而被廢黜。中國歷史上秦始皇殘暴，就有陳勝吳廣起義；隋煬帝無德荒淫被唐李淵征伐，元末暴政引發紅巾軍起義，民國孫中山又推翻腐朽的滿清。

　　盧梭的《社會契約論》極雄辯地說，最強有力的人物也絕不能強大到永遠作主宰，他只能試圖把暴力變成權利，把服從變成義務罷了。暴力是非法的，人民有權利推翻它。

　　美國費城大會的獨立宣言宣稱人民的神聖權利，下列真理是不言自明的：「人生來是平等的，造物主把某些不可讓渡的權利賦予了所有的人，在這些權利中，有生存、自由和追求幸福的權利，為了保證這些權利，就在人們當中建立了政府。政府的全部權利都來自被統治者的許可。我們認為，只要任何政府形式傾向於破壞這些目的，人民就有權改組它或廢除它，組成新政府。」

　　法國著名的人權宣言賦予了後代如下的原則：「當政府蹂躪人民的權利的時候，對人民來說，起義就是它最神聖的權利和最重大的責任。」

　　自由不能祈求，只能靠利劍來爭取。輝哥將這些學者名人的觀點連繫中外歷史，發現中外暴政專政最終都將落得被推翻的下場。

　　輝哥讀傅立葉、聖西門、歐文的空想社會主義叢書，悟感到共產主義社會是遙不可及的空想，因為我們目前所處的社會根本

達不到共產主義社會的基本要素，即高度發達的科技為保障的物質文明、物產豐富、用不完耗不盡的能源，同時民眾要具備高度文明的道德思想，要有人人為我我為人人的品質，人人平等、個個自由，不欺壓人、不貪小利，自覺遵循社會公德，與世無爭知足常樂。

62年，中蘇大國「牢不可破」的社會主義聯盟分裂，撕破臉皮、論戰、互相攻訐、互指修正。輝哥對我們說，其實國與國之間的關係就是利害關係，什麼主義統一、制度相同，這都是一時一事利益相同，而民族的不一、文化差異、疆地差異、物質盈虧、人口多少、領導人的品質優劣都決定國家的利害，當其彼此利害矛盾不可調和時就必然分道揚鑣或衝突爭鬥。輝哥通過閱讀大量的馬恩列斯等著作反思毛澤東思想，就感到許多難以融合之點，同時意識到毛澤東本身不是正統馬列主義者，他是農運家，他的身上深烙中國特有的封建帝王意識，他的處事、作風、手段、謀略無不反映傳統封建的文化思想。

他還開始向中國古代傳統的孔孟儒家文化探索研究，研讀先秦諸子百家書籍，通讀了《史記》，《資治通鑑》……，他從中國傳統儒法思想對比中，看到了毛更多的法家暴力影子與專制手段。他還從蘇俄十九世紀解放運動時期偉大人物、學者、作家赫爾岑、車爾尼雪夫斯基、別林斯基、托爾斯泰、果戈里、契訶夫、屠格涅夫、萊蒙托夫等人吸取了不少知識，獲得了很多靈感，他更佩服十二月革命黨人的革命鬥志，無畏西伯利亞的寒冷艱難、困苦的勞役流放，前仆後繼為俄羅斯解放運動貢獻青春的血與肉。

輝哥特別推崇赫爾岑的自由民主思想。赫爾岑特別重視文學創作，指出文學是向群眾灌輸革命思想最好的武器，因為革命家沒有言論自由，而文學作品卻可以用含沙射影的手法來揭發社會的黑暗，號召人民大眾起來鬥爭。其《誰之罪》、《偷東西的喜鵲》與車爾尼雪夫斯基的《怎麼辦》就是一例。他理解欣賞赫爾

父親劉宗漢64歲被戴歷史反革命帽子

岑為尋求一人革命道路，擺脫國內惡劣的環境，選擇出國去開展救國途徑，因為赫爾岑在國外所尋找的，不是悠閒，不是休息，不是個人的安全，在這裡，「我的言論不受檢查，我是你們自由的喉舌」。赫爾岑在國外出版《北極星》、《鐘聲》期刊、《俄羅斯之聲》文集，不斷發表政評文章和有深刻的政治思想性又有高度的藝術性的雜文，都是詼諧諷刺、切中時弊的作品，如匕首刺中當局的要害，後來還增加了副刊「審判下」、「大眾議場」專欄。這促使輝哥談及以後如自己出國就要像赫爾岑似地辦一份《人人報》，開闢「層層駁」專欄，鼓動大家動筆寫文章揭露國內壟斷言論、控制媒體、壓制人民呼聲的專制獨裁罪行。

陪父受審

父親因擔任過聯合國善後救濟總署國民專員一職，1956年被

內定為「歷史反革命分子」。兩年後的1958年春天，徐匯人民法院發傳票來，責令父親去法院接受審判。法院傳票是由派出所戶籍民警送來的。

而對這突如其來的傳喚，父親頓時傻了眼，連說：「怎麼還要審判我?!」母親沉默了多時，最後還是勸父親：「去就去吧，聽他們怎麼說，耐著心，忍住氣。」是啊，已是六十四歲的老人了，能經得住上法庭遭折騰嗎？那時文輝哥已被劃右派，他年輕氣盛，為老父親抱不平，又擔心老人在法院上身體撐不住，自告奮勇地陪父親上法庭。法院開庭那天，主審員宣佈劉宗漢的犯法罪行，除了當過國民黨專員屬「反革命」罪證外，又說他在上海淪陷時期結識了國民黨軍統特務管丕誠，又介紹了長子劉文德參加軍統特務組織⋯⋯一系列莫須有的罪名不斷加到我父親頭上，一介書生的父親即使能說會道也申辯不清。現場旁聽者，尤其一些街道、里弄幹部個個表露對「反革命分子」的義憤填膺。

此時，三哥劉文輝霍地站立起來，手指主審員，大聲地說：「主審員同志，請實事求是地評判我父親！父親劉宗漢確曾當過國民黨的專員，但那是為了救濟苦難的老百姓，是為聯合國紅十字會救濟總署工作，他還代表聯合國為共產黨解放區送過救濟物資；父親劉宗漢確實認識管丕誠，但不知道他是國民黨軍統特務；父親劉宗漢更沒有介紹我大哥參加特務組織⋯⋯」三哥一口氣地為父親辯護。但是主審員拍著審判台制止他發言，場內法警也急忙跑到三哥座位處，嚴厲地摁著他肩頭訓斥：「坐下，坐下，不許吵鬧！」主審員隨即匆匆宣讀了「徐匯區人民法院刑事判決書」，判決劉宗漢為「歷史反革命分子」，就地監督勞動，無限期管制改造！

父親被監督勞動後，早上八點前到里弄專政組報到，然後在家住的日暉四村內掃垃圾、掏陰溝。

助兄拓荒

因父親「歷史反革命」問題受株連的，首當其衝是大哥劉文德。

1956年父親在上海被內定「歷史反革命」後，特別是57年反右開始，遠在數千里之外的安東市百貨公司工作的大哥隨即又被揪出來審查。因為父親關係他也被介紹進聯合國救濟總署工作過，現在被調動崗位，每天打掃衛生，檔案上明白寫著「內控改造」。

1961年國家發生自然災害，城市工礦企業動員廣大工人職工精簡下鄉務農。凡是所謂的「內控對象」、「歷史問題待查對象」，平時向領導多提意見的人，統統列入下鄉名單，大哥自然被安排在首批名單上。大哥給輝哥寫信，傾述窘迫處境，想全家回老家無錫洛社南劉巷務農。輝哥即寫信讓讀大學的珠姐到南劉巷老家調查聯繫。我家自祖父在上世紀初帶父親闖上海謀生已五十年了，很少回家，更不用說置田地了，老家留下一些舊屋地產早被人民公社佔用沒收。珠姐回鄉先找二位叔伯堂哥陳述大哥情況，徵得他們同意幫忙與生產大隊聯繫，同意接納大哥一家回鄉務農。組織發給大哥400元安家費，把他一腳從東北安東市踢到了無錫老家鄉下。當時老家鄉下，房無一間可遮風擋雨，田無一分可耕種糊口，拿到的所謂安家費，還夠不上大哥一家六口幾個月的口糧。

輝哥經歷過陪父受審，所以對於大哥的遭受株連、蒙受冤屈，最能理解。善解人意的輝哥還想到大哥一直生活在城市從無務農經驗，一家六口人一定面臨著極大困難。他覺得救兄長之急是自己應盡的責任和義務，所以在大哥回老家的第一個周日就帶我們三人來無錫。1962年春，輝哥從嵊泗船廠捎來口訊，要五哥文龍去預購星期日早晨到無錫石塘灣車票四張，我明白大哥劉文

德從遙遠的東北回來了。

輝哥請假去無錫大哥處前，從嵊泗帶回來一個麵粉袋，母親還以為是土特產，打開一看是一根根又粗又黑的山芋乾。三哥吩咐母親晚上給弟妹當晚餐，同時他叫母親用糕點票去買一盆高級餅乾。山芋乾沒煮前我們放在嘴裡咬都嫌牙齒痛，母親放鍋裡煮爛後，我們吃起來除了有點甜味還是很難吞嚥下去。輝哥告訴我們，在嵊泗島老百姓每天吃的主要就是這東西，還有野菜樹皮。並且他還告訴我們，收聽到海外信訊，大陸內地廣大農村正發生大饑荒，餓死不少人。三哥指著桌面上放的二盆高級餅乾與山芋乾對我們兄妹說，現在大哥一家在無錫農村同樣吃山芋乾，而我們在上海還能憑票吃到高級餅乾。你們好好想想，應該怎樣幫助大哥一家，明天我帶你們兄弟三人去大哥處好好去體驗一下。

父親老人家熱淚盈眶地說，政府在政審他個人歷史問題時，強逼他誣陷曾介紹大兒子加入過國民黨軍統組織一事，由此連累過文德，深表內疚，邊說邊脫下穿在自己身上多年的一件舊絲棉背心，要求帶給文德，暖暖心窩。母親對雖不是自己親生但勝似親生骨肉的文德甚掛念，說多年未見不知他一家大小可好，特意省下一些全國糧票，並買了幾大包古巴砂糖、伊拉克蜜棗捎去，願他們全家老小甜甜蜜蜜。大姐把廠內發的積存下來的光榮牌肥皂包了好幾條，二姐將積餘下的白紗手套，尚未使用的工作毛巾包了一捆，三姐去商店買了幾斤城隍廟奶油五香豆和什錦水果糖，大家又把大哥去東北時留在上海家中的煤油爐、鋼精鍋、瓢等大小生活用品收拾好，還帶上了笨重的半包水泥、鐵絲鐵釘、木鋸斧子、榔頭推刨、鑿子泥刀、老虎鉗等工具，把大小衣雜嚴嚴實實地裝在幾個行李箱包內。

清晨，因節日期車票緊張，我們四人只能搭乘棚車赴無錫。車內人滿為患，我們只得移到人少的放尿桶的角落，然後攤開英文課本，由輝哥將剛從上外夜大學來的英語知識輔導我們，當我們朗朗上口跟隨輝哥讀英語時，周圍乘客均大為驚奇而不解，此

情境我們至今歷歷在目。

　　輝哥還對著一本《世界知識》雜誌，給四哥解釋美國與古巴的「豬灣事件」，什麼豬灣啊？幼小的我和五哥還以為是為了養豬玀的事呢。當時古巴政府卡斯楚用武裝力量鎮壓了打算推翻他、期望奪取政權的海外武裝組織，卡斯楚標榜自己忠於馬列主義，是當今世界的社會主義陣營，斷然與英國絕交和蘇聯打得火熱，全面接受赫魯雪夫給予的軍事、經濟援助，企圖在西半球的土地上建立一個軍事基地，給美國政府施加壓力，似乎在美國領地的後院堆放一堆炸藥導火線，這是當時冷戰時期相當危險的信號。文輝哥平時關注著世界動態，且能洞察瞭解國內外形勢變化，他崇尚民主、自由、平等，反對專制獨裁，像現今發生的豬灣事件中，他對卡斯楚那樣專制獨裁的暴虐行為深深譴責，同時為曾流亡海外，歸來國土為爭取民主自由而流血獻身的人們感到無比惋惜。

　　我們在車上無暇欣賞野景，下了車全無倦意，肩挑背扛行李直奔大哥家。在泥濘的田埂小道走了一陣，終於見到早在田間等候多時的大哥一家。環顧破屋四周，屋頂漏光又有漏雨的斑跡，牆體千穿百孔，地下稀泥濘滑，外無門簾，傾塌的灶頭，空蕩蕩的雞兔羊棚，令人看了心酸。隔壁的遠房親戚大寶、錫芳阿哥聞聽上海來客，紛紛端來長板凳給我們，客氣地與我們寒暄了一陣子，他們真誠地表態，願意伸出情誼之手，支撐文德哥一家重建家園。

　　我們都感到信心倍增，輝哥歷來有股雷厲風行的作風，說幹就幹，大家取出水泥和工具，借來長梯木凳，就地取材，四哥和侄子用帶來的工具砍了棵梧桐樹，剖開將就打了門框，又找了些薄板製了扇簡易門，修復了窗戶。大家一起幹得熱火朝天。大半天下來，屋頂瓦片蓋嚴實了，前後門窗裝配齊了，窪窪坑坑的地平整好了。我們又穿鐵絲編竹片，塗泥牆，把四周牆體刮了又刮，大嫂一再催促我們歇一會，輝哥掃視了一下四周，總算可以

把屋內的活告一段落了。大家喝上幾口稀粥，嚼幾口山芋，又迫不急待地要大哥領路，去看看生產隊不久剛分的自留荒地，越過幾個河坎，池塘，來到自家的田地，我們又用借來的鋤、鍬翻土開溝，直至天漸漸暗了下來才歇手。

剛才還在圍著灶頭遞柴燒火的幼小姪女侄兒見我們滿身泥灰扛著鋤頭回來，忙端著小板凳讓座，手捧熱氣騰騰的南瓜稀飯請我們喝，文輝哥趕緊捧出上海帶來的五香豆、水果糖，放進她們受凍開裂的小手心裡，我的眼眶不禁濕了，大哥大嫂也都含著淚向我們敘述他們在東北的幾年中，如何把兒女拉扯成長，特別是近兩年受欺被審查的心酸日子，如今無奈之下被迫回家務農，可害苦了小輩。

夜深了，我們三人倒在草鋪上很快就和著衣入睡了，因為第二天分別要上課上班。醒來還聽到三哥在對大哥嫂做思想工作，因為當時農村生存環境非常惡劣，使沒有充分思想準備的大哥回鄉後絕望不已，差點要自殺。翌日凌晨，我們為沒有把歪斜的灶頭重新整修好就要離開而遺憾，於是把帶來的工具全留給了大哥，文輝哥塞給大嫂一些錢和三十斤全國糧票，並說：「留給你們解解燃眉之急，以後每月我將會寄些錢來補貼，千萬不要餓壞了孩子們。」

血濃於水，手足連心，文輝哥在往後的日子裡，毫不食言，每月準時給大哥寄上十元錢和十斤糧票，這對處在極度貧困、被生活壓得幾乎要精神崩潰的大哥一家，真可謂雪中送炭啊。直到65年自然災害恢復期，大哥一而再再而三地關照「家裡略有改善、情況好轉，勿再寄來」，才終止。

回上海的路上，我與五哥疲憊地坐在地上睡著了，醒來看到輝哥站了四小時，一直捧著一本英語書在教四哥朗讀。

教誨弟妹

　　我因患小兒麻痺症造成左腿殘疾，母親特別疼愛我，卻又對我要求特別嚴格。母親常諄諄教導說：「雨弟你腳殘疾了，但做人的一顆良心不能殘疾，要同正常人一樣健康活潑。身殘心不殘，性格要煉得比正常人更加堅毅、頑強。能比別人多幾倍、十倍付出，照樣可以自強不息，大有作為。」我自小左右兩腳高低相差六公分，左腿肌肉萎縮。十歲前基本不能走長遠點路，到小學兩年級還是母親或二姐背著去學校，放學後又要被背著回家。三年級才開始可以一拐一拐行走。儘管我走路很吃力，母親卻不許我用枴杖，說：「為了你將來生活能自立，現在非得要讓你多吃點苦不可。」在上學與回家路上，我走路經常摔跌，有幾次跌得鼻青眼腫。哥姐們請母親給我用枴杖，母親還是硬著心不同意。我多次發現，當母親嘴上說「不同意」時，總要回過頭去，熬忍一下即將淌出的眼淚。

　　我越來越懂得母親是硬在嘴上，疼在心裡，母親是在刻意培養我的意志力和獨立性格，逼著我鍛鍊出獨立行走獨立生活的本領。果然，我終於達到了母親的理想目標，從不依賴枴杖而能行走自如了。儘管有時還很吃力，走不滿100米就會出汗，心跳氣急腳軟。我還是照母親的要求去做，逐漸適應下來了。

　　上初中那年，我從一個要好同學嘴裡得知他父親在中山醫院當醫生，而中山醫院骨科非常有名，他們從國外引進一種治療青少年小兒麻痺後遺症的方法，用打骨釘方式刺激殘疾的腿骨加速增長，可使尚未成年的青少年醫治腿長短。但這筆醫療費很貴，幾乎要三哥一年工資，年幼的我天天跟母親吵著要去治療。當母親告訴我家裡很難付得起這筆醫療費時，我便寫信給外地的三哥求他幫忙。當時三哥工資是六十六元，每月寄回家四十五元，我真不知道三哥是怎樣費了九牛二虎之力為我湊足這筆昂貴的治療

費，因為他沒有減少每月給母親的一分錢。母親擔心追問他時，他回答說是向同事借的錢，但他會通過加班逐步還清債務。他說只要小弟有一絲治療成功的機會，不應該放棄讓他失望。想不到開刀住院治療後還是沒有成功，迄今為止我左腿關節裡還打了幾個進口鋼釘。

當我長大後行走一蹺一蹺被人嘲諷時，又開始愛虛榮，我向母親提出要訂做特製的高幫皮鞋，減輕腳蹺程度讓人少嘲笑我，而這種帶特殊鋼板材料的皮鞋很貴，我又去信求三哥。記得三哥給我回信說：如果能醫治好你的腿我會答應你，如果僅僅是為了走路好看，你應體諒母親，瞭解家裡不富裕的情況。他告訴我：你已經十幾歲即將讀高中，應該懂得家庭的貧窮，父母的艱難。人的自尊與尊嚴不在外表，而是內心品格。他給我寄了一些殘疾人成才之路的書，給我介紹美國總統羅斯福得小兒麻痺症坐

叔叔劉宗達（1931年留影），筆名劉大同，曾是亞洲遠東社名記者

1945年的輝哥（右一）和兄弟姐妹們

輪椅的故事與保爾‧科察金身殘志堅的故事。他教我學會怎樣忍耐別人的諷刺，培養我從小不卑不亢的品質。記得他用漂亮的毛筆字給我寫了一段孟子的話「天將降大任於斯人也，必先苦其心志，勞其筋骨，餓其體膚，空乏其身，行拂亂其所為，所以動心忍性，增益其所不能。」並一字一句為我解釋，他一再強調人自小要吃苦耐勞，堅持忍受，不抱怨，培養堅強毅力、磨練自己的品行，將來才能立足社會，才能有出息可闖一番事業。回想少年時代，高士其、吳運鐸、海倫‧凱勒、保爾‧柯察金——這一系列中國的、外國的人名字，通過三哥的講述，一個個嵌入我的腦海，給了我多少力量啊！這一切是我少年生活道路上的盞盞燈火！中學畢業後進入工廠，我也從未把自己當殘疾人、自卑膽小，從未向領導提出要任何照顧，反而重活幹在最前頭，難事挺身而出。過後不久，輝哥還是設法湊足了錢，為我訂製了新皮鞋。

　　三哥的肺腑之言震撼了我，也震撼了其他兩位哥哥。一般生理殘疾的人往往自卑、乖戾、憤世，但在母親的嚴格教誨和三哥的引導下，我明白了身體殘疾是既成的事實，悲憫哀怨都不是正確的態度，更要緊的是必須注重心理素質的培養，不能因為身體的殘疾再產生一顆不健康的心！我腳殘心不殘，從來不自卑，頭腦更靈活，自小養成了好強好勝不服輸的秉性，對惡勢不屈服，言行舉止文明，內心富有道德修養。我年輕時走在路上，經常會碰到各種欺侮與作弄殘疾人的壞現象，甚至一些無知無識的人莫名其妙罵我「阿蹺」「蹺腳」。面對這樣的凌辱，我往往停住腳步，既嚴肅又心平氣和地回敬道：「請你講話文明些，大家要講禮貌有教養！」說得對方臉紅耳赤，趕快溜走。

　　記得我在初中時，老師出了個作文題「記一位最尊敬可愛的人」，我寫的就是三哥劉文輝。照理說，我的作文應該寫曾給家庭帶來光榮的二哥劉文兵，他是個黨員、軍官，抗美援朝戰場負過傷立過功，一身正氣儀表堂堂，像作家魏巍在《誰是最可愛的

人》一文中所寫的，是英勇頑強抗擊美帝國主義的中國人民志願軍。可是我作文記述的卻是當時已戴上右派帽子的三哥，我很細膩地描寫了三哥怎樣教誨我做一個身殘心不殘、一個自尊自強自立的人，我舉了很多生動事例，這篇作文後被老師當範文在班上朗誦，老師很奇怪我有這樣一個品行才華如此優秀卻當工人的哥哥，事後追問我三哥是否是共產黨員？我隱瞞事實真相，都不敢告訴老師三哥是個右派分子。

他青少年時代就經歷了國家與家庭解放前後的巨大變化，從小崇拜父親與叔叔一手漂亮的字體和一口流利的外文，目睹叔叔自己開外貿公司與當亞洲遠東社名記者及父親在銀行界的經歷，欽佩他們都只有高中文化，沒有上過大學，全靠勤奮自學成才，擠進上流社會。輝哥好學上進，自十六歲踏上社會，就一直以他們為榜樣，努力學習父輩追求獨立與刻苦自學的品質。

輝哥為幫助幾個弟妹的健康成長，尤其是為了促使弟弟們努力學習，想方設法為我們提供便利條件。在兄妹四人中，受輝哥影響最早最深的要屬四哥了。由於年齡關係，輝哥對這個大兄弟也最早傾注了思想啟蒙。記得58年四哥學三哥榜樣，體諒母親持家艱辛，初中畢業後悄悄放棄升學去工廠報名當學徒。三哥知道後很生氣，責怪兄弟不應該學他走輟學之路。但為了使這個十六歲就踏上社會獨立謀生的弟弟不迷失方向，上班第一天，輝哥請假親自扛著行李送他到廠報到。再三叮囑勉勵他人生之路要謹慎，要作個正直剛強之人，並送給他一個「侃士」的外號。為了扶正這個大兄弟，有相當一段時間他規定四哥每天從滬西到他浦東的造船廠單身宿舍，同住同學習，他將自己從夜大學來的知識一點一滴面授給四哥，幫他走上自學自強之路。

當五哥文龍考取徐匯中學讀高中後，每日走讀，因離家太遠至少要走一個多小時，而乘公車家中就要額外多支出一筆交通費。於是，輝哥連續幾月多做夜班掙夜餐費，星期日也不休息掙加班費，為五哥在舊貨商場購置了一輛老式腳剎自行車，供他每

日來回學校讀書。

　　為了能打破長期封閉落後的困境，能不斷聽到獲悉外面的世界，他常常鞭策激勵自己，如饑似渴地讀背寫英文，輝哥當時去外文書店與舊書店搜尋了當時名目繁多的英語教材，如：英語語法、簡易英語、常用英語、英語發音、英語單詞記牢法、英語前置詞、英語名詞、形容詞、動詞等等十幾本參考書。他訂閱了人民日報英文版週刊，經常收聽中央人民廣播電台對外英語廣播。我至今記得，1963年秋某一天，幾個外國人手裡拿著一張地圖，帶著一些禮品一路上嘰裡哇啦地來到我家，招來不少鄰居注目。母親聽不懂外文，叫我去找來在里弄挖陰溝的父親，父親來後用英文交流才明白了，原來這是輝哥二年前在滬東造船廠相識的幾個印度大學生，他們在船廠實習時，驚訝輝哥作為一個工人英文講得這麼好，而且還很瞭解印度與西方，在工作與生活中比翻譯還幫上忙，更仗義的是其中一人住院時輝哥還為其輸了血。他們

幸運躲過查抄的輝哥的英文課本

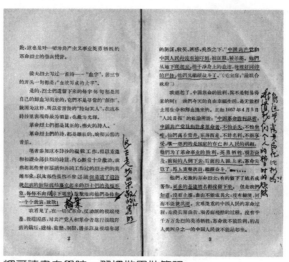

輝哥讀書自學時，習慣做眉批筆記

非常佩服輝哥這位年輕有為的中國人，所以幾年後來上海又找上
門來。父親答應幫他們儘快聯繫上三哥。幾小時後，派出所民警
就上門來責問父親，外國人找你們什麼事？他們是哪個國家人？
你必須講清楚。當得知事情原因後，民警嚴厲警告父親：你們要
注意自己反動身分，不准與外國人接觸，否則沒有好日子過。

　　輝哥鍥而不捨學英語的勁頭也影響了五哥，激發了他學外語
的濃厚興趣。當時在徐匯高級中學高中念書的五哥，用輝哥教他
的方法學俄語，將新單詞句型寫在比手掌還小的本本上，利用每
天上學時步行的時間，沿著肇嘉浜路的綠化大道邊走邊背，果然
行之有效，大有長進，一度擔任俄語課代表。後來，五哥高中畢
業，因政治因素考不進大學，又一時找不到工作，待業在家，輝
哥鼓勵五哥不要氣餒，要振作起來藐視現實環境強加的磨難，在
家自學。只要有決心有毅力，堅持不懈，必有所成。同時支持他
去廣慈醫院附近一個日僑老師那裡學日語，並幫他購置了一大批
日文教材書籍，一支持就是二年。他希望五哥讀完初級班，再報

考上海外語學院繼續進日語班深造下去。他告訴五哥，中國近代革命家幾乎大多數是在日本留學與政治避難的。他把自己知道的從辛亥革命的康有為、梁啟超、譚嗣同、秋瑾、到同盟會的孫中山、陳其美、蔣介石，還有共產黨創始人陳獨秀、李大釗、再到文豪魯迅等許多人的留日經歷告訴五哥。

　　儘管五哥很努力學習，但在「千萬不忘階級鬥爭」的64年，像五哥與我這樣出身反革命家庭的子女要考取大學非常困難。輝哥就給我與五哥都定了自學讀書計畫，開列了一大批中外名著目錄，要我們根據他的指導，發憤攻讀。輝哥鼓勵說：「古今中外不少大文學家、大作家、大學者，都不是大學裡讀出來的。如高爾基上的就是『社會大學』，但成了大作家。」

　　五哥再次落榜後想放棄日語學習，因為他看到三哥完全是從牙縫裡擠出錢來供他付昂貴學費太辛苦。並且，65年初李老師突然被公安局抓去，說是懷疑他是日本間諜，當時跟五哥一起學日語的人都有偷偷出國的目的，課堂也就此樹倒猢猻散。五哥感到考大學無望就去了雲南支邊。當五哥去雲南工作時，輝哥每月隔周總要郵寄些書刊、剪報，定期的《世界知識》，不定期的有《紅旗》雜誌、《光明日報》、《參考消息》。旁邊附上他那剛勁有力的特有的筆跡所書的心得體會、獨特見解和批註。輝哥不斷地灌溉撫育著遠方的弟弟，拓寬他的知識視野，還特別關照要在工作空閒時經常翻翻日語教材，溫故知新。

　　1966年，國內開展社會主義教育運動，五哥也被分配到茫茫的高山叢林中，白天穿草鞋奔波好幾個生產隊，晚上就地找一家農民歇宿，一個星期才能回一次公社所在地集中彙報工作，幾乎是換了個環境，與外聯繫少了，特別是文革初，外面是轟轟烈烈，五哥卻如陷在死潭裡。輝哥最痛恨當局封鎖外界消息，實行愚民政策，雖然當時自己已蒙受冤屈，被政府戴上「現反帽子」，工資也停發了，他體諒五弟的處境，居然咬牙從僅有的積蓄中購置了一台牡丹牌6波段半導體收音機，這對於工薪階層可

輝哥（後排右二）與同學合影，前排中為孫老師

謂昂貴的奢侈品，輝哥卻毫無顧忌地寄給了五哥，勉勵他不要在閉塞的環境中做一個愚昧無知的糊塗蟲。

另外，輝哥還叫四哥跟他學英語、叫妹妹文珠在交大深造俄語、甚至要安排我長大去學法語。實質上他不僅在為自己也為我們弟妹設計人生之路。

輝哥愛書如命，他常對我們說書是他的精神食糧，輝哥留給我們的好書何止百千本，可惜後來都被紅衛兵燒毀或抄走。但有一本《革命烈士詩抄》小冊子被四哥千方百計保存著，哪怕輾轉千里赴四川十四年都不離身。在這本烈士詩抄中留下三哥很多手跡，在致讀者首頁上，他用常用的那支大號關勒銘金筆濃濃注上：「致哀！致敬！這正是我崇敬之心的寫照，難道我們個人的暫時的煩惱能與這些高貴品德比擬嗎?!」在第四頁，他勾劃了瞿秋白赴難訣別詞「為中國革命而死是人生最大的光榮」、夏明翰的詩：「砍頭不要緊，只要主義真。殺了夏明翰，還有後來人！」在第五頁劃出楊超就義壯語：「滿天風雨滿天愁，革命何

須怕斷頭？留得子胥豪氣在，三年歸報楚王仇！」吉鴻昌在刑場留下的豪言「恨不抗日死，留作今日羞。國破尚如此，我何惜此頭！……」劉紹南在刑場高唱的壯烈歌「……豪傑！鍘刀下，不變節，要殺就殺，要砍就砍，要我說黨，我絕不說，殺死我一人，革命殺不絕」。陳然的自白書：「……對著死亡我放聲大笑，魔鬼的宮殿在笑聲中動搖……」。

　　輝哥從滬東船廠調到舟山群島的嵊泗船廠後，長年堅持在大海游泳，無論酷暑還是寒冬。他身體非常好，春節回上海探親，每次看到他總是衣服穿得很少，用冷水洗臉沖涼。冬天他最反對弟弟們賴在被窩裡睡懶覺，反對母親用熱水瓶給我們取暖，不管我們高興不高興常拉我們早起。他逼我們用冷水洗臉，教我們從小學游泳，當時上海很少有泳池，他為五哥在徐匯區市跳水池付很貴的學費去參加訓練班。記得三哥曾跟我們說：夏天游泳是一個「爽」字，冬天是一個「練」字，是鍛鍊人的意志、毅力、膽量與勇敢，他的教誨使我們得益匪淺，也讓我與五哥迄今為止還堅持冬泳。我五十多歲時還得過上海第六屆殘運會50米與100米兩項自由泳第一名。

　　三哥在我們兄弟心目中不僅是位和藹的兄長，也是一位誨人不倦的嚴師。他除了培養我們幾個弟妹的政治素養、外語能力，還教我們讀文言文，背誦屈原、建安七子、唐宋八大家、范仲淹、陸游、辛棄疾、文天祥、李清照的詩詞。我至今還能背誦韓愈的「業精於勤，而荒於嬉，行成於思，而毀於隨。」文天祥的「人生自古誰無死，留取丹心照汗青。」陸游的「死去原知萬事空，但悲不見九州同。王師北定中原日，家祭無忘告乃翁。」李清照的「生當做人傑，死亦為鬼雄。至今思項羽，不肯過江東。」陳子昂的詩「前不見古人，後不見來者。念天地之悠悠，獨愴然而涕下。」三哥告訴我們，一個有志男兒就要讀這類詩詞，它能培養你從小為民為國的凌雲壯志。他的教誨一直使我們兄弟聆聽在耳，時時鞭策在心。

　　輝哥不僅對家人關懷備至，對旁人也樂於相助，尤其重社會道德，重師生之情。三哥有位過房娘外婆，勤勞善良，我們叫她「好婆」，三哥小時候她曾帶過幾年。三哥工作後，每年春節年初一必定一早拎了禮品登門拜年。好婆總說：「每年第一個登門向我拜年的必是文輝。」並感歎萬分說：「我帶過他三年，他回報了我十幾年的孝心，真是一個知書達禮的好青年。」另一位孫蕙芳老師，她是三哥語文老師兼班主任。三哥在孫老師耐心教導下，從一個頑皮的孩子變成優秀生。由於他有正義感，敢批評個別同學的不良風氣，幫助弱小同學，受到眾多同學的擁護，被同學們選為中隊長。三哥工作後，一直不忘恩師之情、眾同學之誼，每年暑假與春節，都由他組織同學去團拜老師，十幾年從未間斷。從教三十多年的孫老師桃李滿天下，但她還是特別喜歡三哥，說：「我每年生日必收到劉文輝的祝賀信，每年春節最早來拜年的必是劉文輝，不是他帶領一群同學來，就是他本人單獨來。這是我教育出來的最懂禮儀的好學生。」

兄弟之爭

　　1963年寒假中，輝哥又叫我到無錫老家鄉下大哥處去體驗生活。我在那裡待了一個多月，看到大哥家住房依然破舊簡陋，看著像豬圈一樣的農舍，看著侄子姪女們吃的是山芋、南瓜、野菜燒的稀粥，我掉下了淚。晚上大嫂與三個姪女睡在一間七、八平方米的破舍裡，我與侄子睡在柴房草堆上，大哥一個人去一處荒無人煙的半島上看夜，以補貼幾個工分口糧。白天，十四歲的大姪女帶著三個幼小弟妹，去鐵路邊撿煤渣，去荒地挖野菜。大哥曾不斷上訴無錫縣委，申請困難補助。來人一看他家一貧如洗，確實是當地村裡窮得最叮噹響的特困戶，但卻說，劉文德檔案袋裡塞著「特嫌」的結論，是「內控改造」對象，不屬於政策補助對象。大哥被說得欲哭無淚，冤苦萬分。

　　我就所見所聞寫了一份《無錫農村南劉巷農民窮困生活考察報告》，如實反映被三年自然災害逼向貧困、飢餓、潦倒的當地農民生活境況，不少人暗中詛罵「人民公社」、「大躍進」，甚至暗中怨罵共產黨。不知怎麼，這事讓二哥文兵知道了，他把我叫到蘇州嚴肅批評了一頓，並說我「小小年紀，中輝哥毒太深」，警告我這樣下去總有一天毀了自己。我沒有接受二哥的規勸，只知一心跟著三哥的思路走。

　　春節期間，二哥文兵也返滬探親，同三哥文輝一見面，就提起了我寫的這份報告。那天午飯後，二哥、三哥與我一起，相聚在家中，各人泡好一杯茶，把房門關上，鄭重其事地討論起來。

　　「三弟，你叫小弟文忠去無錫老家體驗農村生活，作點調查研究，我不反對，……」二哥一向膽小謹慎，說起話來思路嚴謹。他憑著政治敏感，先肯定了我去農村的行為，但話鋒立即一轉，「可是調查研究，首先要遵循毛澤東思想，要吃透黨的政策精神，不該單憑個別事例，偏聽偏信，把新中國的農村，特別是人民公社化的現代農村一團抹黑，把農民生活說得這樣貧窮潦倒。這是否定了國家大好形勢，是個嚴肅的政治立場問題。還好只是在我們兄弟間家裡看看，否則一旦傳出去，就會闖大禍，被組織上當作『階級鬥爭新動向』！」

　　「調查研究，確實要觀點正確」三哥文輝聽了二哥嚇人的「大帽子」，一點不驚慌，呷了口茶，平心靜氣地回答說：「最正確的觀點也就是毛澤東思想宣導的，實事求是的科學態度。小弟文忠到無錫老家文德大哥處親眼目睹缺衣少糧、艱苦貧困的實際情況，又看到農村中許多農民生活也好不了多少，他們幾乎都在貧苦的生死邊緣上掙扎。小弟如實記錄下來，這難道是人為的給農村、農民抹黑嗎？事實是，家鄉群眾生活很窮，很苦，很不好，怎能昧著良心大喊『形勢一片大好』呢？從實際出發，調查報告，如果讓組織上知道了，正好給他們反映了民眾的呼聲，怎可說是『階級鬥爭新動向』呢？是誰向誰鬥爭呢？……」

「你這是在強辯！」二哥不讓三哥說完，迫不及待地打斷話頭，神情嚴肅地教訓道：「黨的八屆十中全會剛召開不久，毛主席號召全黨『千萬不要忘記階級鬥爭』，現在社會上有些人藉著三年自然災害發生的困難，全盤否定社會主義社會優越性，猖狂地向黨反攻倒算。明明是天災，你卻指使小弟去暴露農村的陰暗面，不正是迎合了這股反動思潮嗎？豈不是又犯了政治立場錯誤了嗎？」

三哥反駁道：「三年自然災害不是『天災』，是『人禍』，是毛澤東發動『大躍進』造成的。所謂十五年趕超英美的『強國夢』，是狂妄自大、是愚弄人民。今天的中國上面號召下指標，下面就跟風並造假，大躍進完全是偽科學，是涸澤而漁。」

接著，三哥不以為然地譏笑二哥，「你是共產黨員，革命幹部，做慣了黨的馴服工具，毫不懂得人有自己的腦袋，應該獨立思考。請問二哥你瞭解老家鄉下嗎？你去看過大哥家情況嗎？沒有，你不想看，也根本不瞭解當今農村與農民的實際貧窮苦境，只聽信黨的教導，不准老百姓說真話。客觀事實是，無錫鄉下農村貧苦萬分，如說是『陰暗面』，客觀存在著，為什麼不能去暴露出來，向當局者進諫呢？這不是向黨進攻，而是愛護黨，愛護新社會的積極行動。」

「愛護黨、愛護新社會，就應該事事跟共產黨走，句句聽毛主席話！」二哥提高了聲調，指著三哥與我嚴肅地說：「一切服從黨的領導，做黨的馴服工具，這不僅是每個共產黨員的天職，而且也是每個革命青年應具有的品質……」

「跟黨走，聽毛澤東的話」三哥急起打斷他的話，大聲地回駁道，「父親不是這樣嗎？他不當漢奸，不去台灣，送你去參軍，支持你去抗美援朝，結果呢？他還不是被黨、被毛澤東極左路線打成了『歷史反革命』?!大哥不去台灣，響應黨的號召，做好抗美援朝後方給養，去安東工作，結果呢？還不是受迫害，打成了『內控分子』?!再說，二哥你是黨的基層幹部，明知毛澤東

設『陽謀』要陷害廣大知識分子，號召給黨整風完全是『引蛇出洞』，你為什麼不提醒自己兄弟一聲，眼看我竟成了出洞之蛇?!難道你當了黨的馴服工具，站穩了階級立場，連兄弟手足之情，父母養育之恩都忘了嗎？你是盲目地跟黨走，盲目地聽毛澤東話，全然是愚昧、盲從、奴隸相！」

「大弟啊，家中發生的這些事情，我做哥哥的不同你辯論，」二哥擺出一副兄長的威勢，斷然地剎住三哥激昂慷慨的申訴，「我只說你一點，你這個人，自小調皮搗蛋，當年江陰街弄堂裡鄰居都說你是『搗蛋鬼』、『小強盜』，你向來強詞奪理、自作主張，從小挨父親打特別多，父親怕教育不好你，強迫把你送進寶山教會學校住讀，不准回家，你忘了？你記得嗎，小時候竟會爬上屋頂，奔上奔下，故意嚇人，一貫不聽大人們的教導，從小叛逆反抗，長大後老脾氣不改，處處別出新裁，樣樣自由主義。你戴上右派帽子能怪誰，只怪你自己喜歡給領導提意見，反抗上級，懷疑黨的政策。你就吃虧在性格倔強好勝，自以為是，你這種叛逆反抗早晚害死自己。我對你早已失望了！問題是你在影響、毒害四弟、五弟與小弟他們。這樣下去，我們一家人都會壞在你手裡！……」。

二哥對兄弟姐妹的要求是：做個革命青年、愛國者，首先要熱愛共產黨與毛主席。三哥卻反駁說，二哥宣揚的是「黨文化」、「黨天下」，憑什麼理由做個愛國者必須愛共產黨，難道黨的領袖是個獨裁者暴君我也要愛他？三哥把建國以來鎮反、肅反、三反五反、批胡適、反胡風、反右、反右傾一場又一場運動所造成的社會不公、人為災難一一列舉給我們兄弟聽。

對於二哥與三哥的分歧與爭論，戴著「歷史反革命」帽子的老父親連聲歎息，明智倔強的老母親則默默不語，老人家只擔心骨肉反目，兄弟分裂。我與四哥、五哥嘴上不說，心裡卻佩服三哥的敢想敢說、敢做敢為、實事求是的正義態度，一次又一次被他獨立思考、大義凜然、剛正不阿的精神所感染敬佩，自覺或不

自覺地照他說的那樣去學著做。從表面上看，二哥這位朝鮮戰場上的功臣，曾給我家帶來過榮譽的黨員幹部，代表著黨的路線，千方百計地教化我們，而內心深處，我們兄弟姐妹多數是同情父親、大哥與三哥的不幸遭遇，在思想上是站在三哥一邊的。

父親失業後，母親培育年幼四兄妹的經濟來源主要靠兩位兄長二哥文兵和三哥文輝，當時二哥不僅是家庭經濟的主要支柱，而且十幾年現役黨員軍官的身分，更是為劉家政治門面添了光彩，我們兄妹年幼都曾沾過光，特別是父親，如果不是二哥的身分關係，他的命運可能會更慘。但二哥是長期在解放軍部隊裡洗腦培養出來的幹部，他已經自覺地把理念、行動完全融入共產黨的每一項政策中去，作為虔誠的馬列信徒，連靈魂也交給了「救世主」的好黨員。他不理解大兄弟輝哥被打成「右派」所經歷的苦難，不認同追求民主自由的思想認識，更不允許激烈的反抗精神，所以長時期對毛澤東極左路線執迷不悟，赤膽愚忠，甘願做一個馴服工具論者。憑著他的政治覺悟，他非常擔心輝哥影響三個弟弟，他更認識到性格耿直，剛毅無畏的輝哥勸不醒也拉不回。他不會像父親一樣會忍受屈辱，是劉家一顆定時炸彈，總有一天會引爆，惹出大事。他想保護家庭與弟妹不要捲進政治災難的漩渦，極力主張我們遠離輝哥，所以他與輝哥的矛盾與爭論就不可避免地產生。

孤島謀逃

輝哥在滬東船廠是最年輕的工長，團幹部、技術革新能手，曾是廠裡的青年榜樣，他的事蹟上過《解放日報》，57年張貼大字報的事件，又使他成了這萬人大廠的少數幾個工人右派，早就是廠裡有名的工人知識分子。但他卻一直想找機會擺脫這個階級鬥爭漩渦中心的上海萬人大廠。機會終於來臨。1961年在三年自然災害的大背景下，上海滬東造船廠接到上面支援偏遠海島前線

的任務，急需技術骨幹支援建船廠，當時有二地求援，一個是北方葫蘆島船廠，另一個是當時還屬上海管轄的嵊泗列島的嵊泗船廠。那時廠裡誰也不想離開這全國有名的條件優越的大船廠，去環境惡劣沒有吃沒有玩的荒島，偏偏三哥這剛摘帽的工人右派全廠第一個報名，而且堅決要去嵊泗船廠。而來尋求技術支援的當地廠長與書記，看到劉文輝工資比他倆還高，都拼命爭搶這個上海大廠技工，簡直當他是塊寶。

誰也想不通輝哥為什麼要去那裡吃苦。

唯有四哥知道。

輝哥臨近夜大畢業時，國內正處於所謂的「三年自然災害」，神州大地到處是嗷嗷待哺的飢餓民眾，政治迫害也越發嚴重，隨著他的思想越來越獨立成熟，他不願再被困在這個思想上受鉗制迫害、沒有自由的專制國度裡，他想尋找機會出國，而當時中國實行的是閉關鎖國政策，普通老百姓很少有機會能出國，更別說一個出身於「歷史反革命」家庭的年輕右派了。他在無法正途出國的環境下，決心走赫爾岑流亡救國之路，冒險偷渡出國。考慮到北方、西北方邊境與蘇聯交界不是理想之地，西南邊的諸小國都是落後的軍閥割據的混亂社會，也不適宜定居，香港彈丸之地，邊防控制嚴密不易走通。北方葫蘆島比較落後，語言風俗與滬差別較大，而嵊泗面臨東海，出海漁民多，經常有漁民乘出海捕魚機會出國投生。於是同四哥商量後，輝哥毅然放棄上海的生活環境，到陌生的困苦貧窮的海島小船廠工作，以尋找出國的機會。臨走時，輝哥送四哥詩抄「乘風破浪會有時，直掛雲帆濟滄海。」

輝哥選擇離滬奔赴生活條件艱苦、交通閉塞的海島上一個僅能製造機械漁船的小船廠工作，家中親人都不滿意此舉動，連他關係密切的同學們都不理解。他學生時代的朋友後來畢業各奔東西，卻長年保持聯繫。輝哥兩個至交：後來成為上外教授的關可光，和交通大學教授張永清，彼此感情深厚、赤膽忠心，義結金

蘭,人稱「劉關張」,當時都力勸他不要離滬,可他又怎能透露他的苦衷,在「一人犯法,三代親屬朋友遭殃」的連坐苛政下,他不能影響他們的前途,只能以苦笑面對勸說。

去了嵊泗不久,四哥就因基本建設下馬而回家自謀出路,三哥為了要四哥搭檔做幫手偷渡出境,叫四哥至他們船廠在南京西路新華電影院附近的弄堂裡的駐滬辦事處邱科長處,申請到他們船廠做木工,只因某種原因沒被錄取。

輝哥從61年開始在嵊泗孤島上生活整六年,舟山當時是個窮地方,嵊泗列島更是一些閉塞落後小島,居民主要靠出海捕魚為生,生活艱苦,大多數人是文盲半文盲,島上缺乏娛樂,業餘時間,文化知識不高的船廠工人生活單調,不是酗酒賭博,就是以亂追當地姑娘為樂。為了專心致志自學,輝哥搬出工廠集體宿舍,在附近漁民家獨自租房居住。每日除了八小時工作外,業餘時間就全身心的撲在看書學習上。他如饑似渴地擷取知識,靠每次回滬探親後背回二麻袋學習材料,已遠遠滿足不了他的學習進度所需的數量。他不斷催促四哥每星期日或平時晚上至新華書店尤其是一些舊書店淘覓他開列所需的書籍,及時郵寄給他。當時印刷品郵資非常便宜,我們常通過郵寄印刷品夾以書信方式聯繫。同時這也是可源源不斷滿足他求知如渴的要求,供應他大量知識的源泉。

輝哥當時是廠裡技術極別最高的技師,由於在嵊泗廠工作出色,與人和善,又有修養,許多人佩服他的才學和人品,受到大家敬重。廠領導知道他在工人中的威信比他們還高,也對他刮目相看。

輝哥每天下班後獨自一人出海游泳,往千百米外的海島來回游,幾年鍛鍊下來,能在海裡連續游萬米以外。他開始精心一步一步為自己積蓄力量,物色志同道合的人,他甚至偷偷摸摸學習航海技能。

天資聰穎的輝哥,自己安裝了高性能短波收音機,靠近公海

的嵊泗列島能方便收聽到海外訊息。他長期收聽來自台灣、日本、韓國、香港對中國大陸的廣播，特別是美國之音。

62年「古巴危機」，美蘇因為蘇聯在古巴修建核導彈基地而引發驚動世界的核危機面臨一觸即發的核大戰，整個世界驚恐萬分，而我們中國卻如同在鐵幕內，言論被封鎖，神州大地億萬民眾都木癡木呆。輝哥因在深夜收聽到美國之音而大吃一驚，即來函告訴四哥，要他不顯露風聲地密切注意政局，靜觀動態，保護家庭安全。事後他又來信告知，「古巴危機」因甘迺迪的強硬反應，封鎖古巴、斷絕蘇聯船隻靠岸，檢查來往船隻貨物，最後迫使古巴拆除基地建築，蘇聯撤回導彈，才解除了危機。同時又痛斥毛澤東不顧民眾死活，還癡心妄想以小米加步槍的落後手段對付美國。竟發狂言「中國不怕核戰爭，哪怕中國因核戰爭死亡兩億人，中國還有四億人可以打敗美帝國主義的來犯」。

通過這次世界危機的經歷，輝哥更迫切要擺脫那種任人擺佈沒有自由民主的囚居環境。他加緊策劃出海的行動。他來信告訴四哥，他經過認真觀察審核，結識了一位同姓的三十九歲的船老大劉敬德，他掌控一條出海捕魚的機器漁船，船上有七八個人。隨著交情的深厚，二人攀談越來越投機，並義結金蘭，已密商劫船出海。

輝哥在第一時間得知甘迺迪遇刺身亡消息後，告訴我們全世界為之震驚、惋惜，沉痛悼念，而中國領導人卻慶賀，當時胡喬木還在《人民日報》副刊發表了「哀三尼不幸」，作三首打油詩諷刺調侃。輝哥憤慨不平，責之不公，在來信附上三首反其義的詩，讚揚甘迺迪睿智英明、膽略超人，為世界和平作出貢獻，是個得人心的美國最傑出總統之一。他在旁注解一段話：這三首詩如能偷偷寄到美國投稿就好了，至少表明不是所有中國人都受毛澤東欺騙的，在毛統治下有頭腦清醒的民眾。詩的內容是頌揚甘迺迪睿智英明、膽略超人，迫使蘇共從古巴撤走導彈，取得東西方冷戰的關鍵勝利，為世界和平作出巨大貢獻。

　　他說了一個故事給我們聽：美國黑人民權運動領袖馬丁・路德金為抗議政府，帶領十萬民眾向華盛頓進軍時，作為當權者甘迺迪非但沒有派兵鎮壓，反而對手下人讚歎馬丁「他太棒了！」當權者對反對派如此欣賞在世界歷史上是罕見的，如在中國恐怕早就血流成河了。

　　四十多年後，當我在華盛頓參觀甘迺迪紀念館時，看到美國人民評價自己的四十多位總統中，甘迺迪排名居前十位。我領會三哥在當年閉塞的大陸有這樣的眼光，真了不起。

　　1962年中印邊界戰爭爆發，中國媒體一致攻擊詆毀印度總理尼赫魯。三哥告訴我們其實尼赫魯是個非常了不起人物，他早年留學英國畢業於著名的牛津大學，是個非常傑出的政治革命家，他堅毅不拔追求和發揚光大國父甘地的非暴力運動，領導國民脫離英國殖民統治，建立獨立民主自由國家，印度的獨立解放幾乎沒有流血，也不搞政治運動內鬥內耗，他深受印度人民的愛戴。他與毛澤東一樣，是兩個大國舉足輕重的政治家，可在取得勝利果實後，兩人卻走了兩條不同道路，一個為建立民主法制的印度貢獻了一切；另一個卻變本加厲走獨裁專制之路，並野心勃勃要搞世界革命。

　　三哥從海外電台收聽到的赫魯雪夫反史達林的「祕密報告」，揭露暴政期史達林殘害了二千萬蘇聯人民，令世界震驚，東歐社會主義陣營的民運高潮不斷。三哥對赫魯雪夫也有不俗評價，認為他像中國歷史上的韓信，忍入跨之辱，韜光養晦、忍辱負重等待史達林的去世。

　　三哥告訴我們：毛從赫魯雪夫反史達林事件得出教訓，只有加強無產階級專政，掀起一波一波的政治運動，用階級鬥爭的高壓政策控制人民，國內才能太平。所以毛澤東在共產國際陣營掀起了「九評蘇共」，稱赫魯雪夫走的是修正主義道路，並且無中生有地捏造中國黨內也有修正主義路線與集團，從而發動了文化大革命。毛想解決史達林來不及解決的問題，剷除黨內外一切反

對他的力量，還炮製了一個荒謬絕倫的百分比理論，說中國人口百分之五是階級敵人，必須打倒，毛比史達林主義還史達林。輝哥每談起這些就血脈賁張。他預言：這個社會早晚要變、要垮，因為它不人道、失民心，其存在是少數權威統治廣大平民百姓，靠愚弄人民、強暴人民、欺騙人民而存，民心不可欺，民可載舟亦可覆舟。史達林與毛澤東是同一體制下的暴君，把史達林推下神壇的是赫魯雪夫，他相信毛死後中國同樣有赫魯雪夫式人物把毛拉下神壇。他說：歷史不是靠狂人獨夫、暴君用殘害百姓為代價來創造的，這種倒行逆施終將被時間巨輪輾壓得粉碎。

　　62年中國第一顆原子彈爆炸成功，我們的新聞報導歡慶鼓勵，發出將世界革命進行到底的歡呼。美國之音報導：毛澤東為了發展原子彈花了四十億美金，這在當時中國是筆天大的開支，這筆錢進口糧食，中國當時三年大饑荒裡的三千八百萬災民就不會餓死。西方認為核原子彈落在專制獨裁者手中將是人類的不幸，所以一直對專制國家的核原子建議持抵制和打壓的態度。57年毛澤東向蘇聯老大哥揚言，中國政府不怕打核戰爭，小打不如大打、晚打不如早打，為了世界革命的勝利，中國準備犧牲三億中國人。還大言不慚地說，中國歷史上人口消滅一半曾有過好幾次。58年底在八屆六中全會上更荒唐地說，人要不滅亡那不得了，滅亡有好處，可以做肥料。這些真實的揭露，令三哥內心萬分悲憤。

　　在大陸全封閉時期，國人對世界雙眼摸瞎、一無所知，一談海外關係就害怕受株連，成裡通外國的特務、間諜。三哥卻為我們兄弟長期訂了一套《世界知識》叢書，因為他認為國內唯有這本書刊還能透露一點海外世界的資訊。他通過這本世界知識叢書加上自己在嵊泗收聽到的海外電台廣播資訊，同樣的世界和國內形勢，在他分析下我們得到完全不一樣的解讀。記得上面有篇文章揭露了所謂「美國壟斷資本家石油大王洛克菲勒、汽車大王福特聚斂大財富，還圖美名倡辦了兩個大基金」。當時中國人根本

不懂基金是怎麼回事？三哥告訴我們海外基金大多數是為社會福利事業服務，並大筆出資捐贈慈善機構，支持教會、學校、醫院等公眾事業。這些大資本家都是基督徒，通常他們都會把每年十分之一以上收入捐獻社會，而企業也能獲得免稅。輝哥甚至夢寐將來有朝一日他有了錢，也設立一個「劉氏基金」，以資助有志好好學習的窮苦人。

三哥當時傳給我們兄弟的這些海外訊息和看法，絕對是犯戒和危險的，所以他一再叮囑我們不要在外亂講。而旁觀的父親憑他的社會經驗一直警告我們：「你們兄弟三人緊跟老三，總有一天倒大霉」，幸虧四哥五哥文革前離開上海，最後的厄運只臨降在三哥與我身上！

不久，他又來信告訴四哥，他和劉老大已密議出海計畫，乘漁船到滬復興島船廠大修之機會，返回嵊泗之前，輝哥就來滬藉口搭船同回嵊泗，那時船因不捕魚只有三四人，找機會喝酒會餐時用安眠藥迷倒不知情的水手。四哥接到上船的通知時，立刻吩咐五哥和我帶領玉姐的三個外甥建崗建強建鳴一齊上船，連夜開航，出吳淞口，進入東海，折入公海後，直航日本。等到了日本，設法取得日方諒解，同意召開記者招待會，宣佈申請政治避難，然後讓不知情的船員返回嵊泗，以後再設法轉美國避難。

經過63、64二年的籌畫，計畫眼看可實施時，嵊泗地區開展了四清運動，漁民停航封船，接下來是沒完沒了的學習討論、檢舉揭發、交代、批鬥，防線也隨著崩垮。65年，輝哥來信告訴四哥，「情況不妙，計畫實行不了，你自己脫身吧。」這樣，正好里弄動員四哥去內地支援三線建設，四哥徵得輝哥同意，報名進川工作。

66年春節，四哥返滬探親，與輝哥在家面晤。輝哥說，他可能有麻煩了，但應不至太大。

那年初一，全家聚在家中，原江陰街的老鄰居馬家爺叔也來探望父母，晚餐中與大姐夫談及輝哥年已三十還未結婚成家，大

1965年劉文輝照

姐夫就乘機請老鄰居幫忙，找另一老鄰居陳家安寧小姐或蔣家莎
菲小姐說媒。她倆都同輝哥從小青梅竹馬，相互熟悉，可以慢慢
發展感情。輝哥一口回絕，說結婚言之過早，家中父母還得他贍
養，等忠弟出道他可卸擔子之時，再議論成家之事。可是，父母
親、馬家爺叔、大姐夫一再規勸說，珠、正、龍三弟妹已被你和
兵哥、玉姐、慧姐扶持多年，已出道就業，接了你們班，在家擔
起了贍養父母的責任，你就不必再推脫了。當時，被父母兄弟一
致的勸說施壓，他無可奈何地答應了。可是到了晚上，深思熟慮
之後，他告訴四哥，現在他自身安危不保，不可連累人家姑娘。
第二天清晨，他逼大姐夫立即打電話告訴馬家爺叔，因考慮再
三，現暫不想談論婚姻大事，請勿去陳蔣二家說親。

　　輝哥自57年蒙冤戴上右派帽子後，眼看同學同事一個個先後
成家，自己卻因身陷苦難無暇顧及，輝哥拒絕提親，並非他是
個沒有情感追求的人，他立志先探索人生道路的真諦，為國為

民幹一番事業，不立業甯毋成家。記得他拜讀了魯迅先生的文集後，十分佩服先生的學問才智，更崇敬他的品行和骨氣，視他為楷模，甘為孺子牛。他在信中曾談及魯迅先生提倡的選妻六字標準：「明智、賢慧、健美」。他曾說過，將來找終生伴侶也要能志同道合，追隨他畢身奮鬥，為國為民謀求民主民生民權的自由平等社會，又是賢內助，能刻苦耐勞同命運共患難，又是攜子事親的好妻子好母親好兒媳。

第二章　檄文討獨夫

現行反革命

　　1966年春末的一天上午，我匆匆忙忙趕到上海十六鋪碼頭出口處。其時我心頭沉甸甸的，黃浦江面上吹來的雖是暖風，我卻渾身寒意忐忑不安。前幾天突然接到輝哥從舟山嵊泗廠寄來的一封信，信上簡簡單單幾句話：「我已戴上現行反革命帽子，遣送回上海老家監督管制，定於＊日＊班船抵十六鋪碼頭，望來接我。」這猶如驚天炸雷，頓使我們全家惶恐不安，一起猜想，怎麼好好地已摘了右派帽子，卻又戴上了反革命帽子，而且要遣返老家管制？重重疑雲籠罩全家。上面的幾位哥哥都已出外工作，離開上海，幾位姐姐都已出嫁，父母年老，惟由我按時到碼頭迎接。

　　中午時分，舟山來的班船抵達，船客們魚貫由出口處走出來。我翹首張望，左等右等，約莫在全船乘客全部出來後，看見輝哥手提一隻大包和幾箱行李，由一個解放軍陪著，身邊還有二個似廠裡職工，向出口處走來。我趕忙迎上前去，在出口處接過輝哥手裡的行李，正要招呼講話，那個解放軍立即突兀地問：「你是劉文輝的什麼人？」我一驚，回答「弟弟。」「你們父母為什麼不來？」「年紀老了，走不動了。」「那麼好，現把劉文輝交給你。他是現行反革命分子，遣送回老家監督管制。有關他的政審材料，我們已給上海公安局、街道里弄寄去了。」這時，默立在一旁的輝哥才介紹說，他是廠裡的軍代表，那二位是廠裡的支部書記與保衛科長。他們「交接」完畢，就一起離去了。

我跟著輝哥，提著他的行李，還有好幾箱書籍，叫了一輛人力「黃魚車」急忙返回日暉四村12號。地區街道派出所已派民警在我家等候多時。輝哥與我踏進家門後，民警馬上嚴肅地對我父親與輝哥宣佈，「從今開始，劉宗漢與三兒子劉文輝，一起被監督勞動，掃垃圾、掏陰溝，定期向里弄專政隊彙報思想，接受管制改造。」

我們這才知道他又出事的情況。原來，在64年「四清」運動中，輝哥想逃出國的計畫被膽怯者出賣而落空。出事後輝哥一人把主要責任承擔下來。當時的「四清」運動政策規定，坦白者「一個不殺，大部不抓。」三哥儘管是為首人物，因為只屬企圖，還沒有實施具體行動，最後被「從寬」處理。

1965年底「四清」工作組報當地法院立案，嵊泗縣人民法院經審理宣判：

嵊泗縣人民法院刑事判決書（66）嵊法刑字第11號

被告：劉文輝，化名敬文，男，29歲，家住上海市日暉四村12號。

被告劉文輝1957年在上海滬東造船廠工作期間，乘我黨整風的機會大肆攻擊汙蔑我黨的歷次政治運動和各項政策，反對黨的領導，曾戴右派帽子。1961年12月調至嵊泗造船廠工作以來，不思改造，堅持反動立場，對社會主義制度極為不滿，散佈反動言論，唆使工人鬧事影響極壞。更為嚴重的是被告劉文輝存有嚴重親美崇美反動思想，蓄謀叛國投敵，為首策劃組織叛國集團，聲稱再做一番「大事業」，先後發展了對現實不滿分子劉敬德、曹國祥、徐惠古及崔金根、張熙竑等人，祕密串聯，共謀策劃，共同投敵。被告劉文輝多次密議行動計畫，妄想逃至敵佔區後再轉道投靠美帝，組織所謂第三勢力，推翻共產黨領導。並企圖劫取漁業隊的機帆船或中

浙二號客輪，偷渡出境，因故未遂。被告劉文輝還積極攻讀英文，鑽研兵法戰術，熟悉航海知識，還準備了大量安迷藥，私自製造了手銬等武器，以備在劫船逃往敵區時對付船員反抗之用。以後又曾預謀在1964年春節期間，伺機劫走運送工人去滬過節的船逃跑，因恐被發覺，陰謀亦未得逞。並將部分罪證毀滅。被告還長期收聽敵台廣播，妄想反革命復辟，在社會主義教育運動中，祕密聚會，訂立攻守同盟，抗拒運動，企圖逃避罪責。

　　本院認為：被告劉文輝系一世仇分子，思想本質極端反動，組織叛國投敵集團，妄圖投靠美帝，背叛祖國，推翻人民政權。情節嚴重惡劣，本應從嚴懲處，因念最後沒有付之行動，並願悔改，予以從寬處理，特依法判決如下：被告首犯劉文輝戴上反革命分子帽子，判處管制三年，交群眾監督改造。其他被告均不予刑事處分，交當地政府分別依法處理。

嵊泗縣人民法院刑事審判庭

1966年2月15日

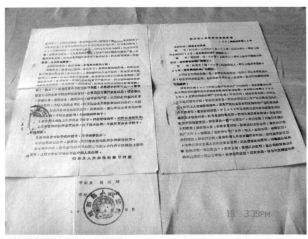

嵊泗法院的判決書原件

　　日暉四村本來只有一個「歷史反革命」劉宗漢掃垃圾、掏陰溝，現今開始，在這位七十古稀老管制分子身邊又增加了一個剛交三十歲的新生反革命。父子倆人每天一早同被監督勞動，同去接受派出所與里弄幹部的訓話，同時遭受鄰居與過路群眾的白眼、嘲笑、奚落。派出所民警與里弄專政人員時不時在身邊訓斥們「垃圾沒有掃乾淨」、「陰溝沒有掏清爽」，隨時將父子倆拉到里委會，叫幾個年輕力壯的里弄小夥子來批鬥，動不動撖摁年已七旬的老管制劉宗漢的頭，有時還對新管制劉文輝敲頭踢腳，任意凌辱人格。

　　輝哥回滬後同父親與我一起居住在12號二樓的16室。儘管他57年戴右派被劃為「地富反壞右」，當作另類受迫害與歧視，但一直不與父母同住，所以對父親十幾年被管制戴帽生活沒有深切感受，今天當自己淪落為反革命，在親人眼皮底下被管制時，才切身體會到這一切帶給親人的壓力與殘忍。解放前父親是個多麼能幹有朝氣春風得意的人，他在銀行界與聯合國救濟總署的工作才幹與人品被上下同事一致公認。可是解放後一頂歷史反革命帽子長期戴在頭上，幾乎被毛澤東的無產階級專政折磨摧殘得只剩下一個軀殼，完全喪失了人格與思想。最殘忍的是毛的階級鬥爭理論使父親變成一個沒有了靈魂的人，他甚至荒謬絕倫認為自己有贖不盡的原罪要向共產黨還。全家九個子女接受不了這種殘酷現實，紛紛離開被株連的上海大家庭，甘願去遙遠的外地受苦。所有子女心都碎了，忍受不了看到階級鬥爭把曾如此有才能的父親從人變成了鬼；所有兄弟姐妹不理解：解放初父親為什麼不去台灣？卻甘願從香港回來。他愛新中國，可為什麼共產黨要致他於死地？

　　但輝哥跟父親完全不同，絕不願認同父親這種委屈求全苟且偷生的思想，並表示他絕不學父親，抗爭到底是他的個性與最終的歸宿。幾乎每天夜裡，輝哥都要責怪父親：「你年紀這麼大了，何必那麼賣力地掃垃圾、掏陰溝？這些累活髒活，應讓我

多幹些，你只要做做樣子就可以了。累壞了身子怎麼辦？」「你年輕，以後或許有前途。至於我，一把老骨頭做累做死也無所謂了！」父親反而會這樣說。

「爸，你被管制了十年，一貫忍氣吞聲、窩窩囊囊、懦弱屈服，以前你不當漢奸、不去台灣的骨氣哪裡去了？」輝哥想給父親找回失去的勇氣同命運抗爭。

在昏黃的電燈光下，老父親面露苦笑，喃喃地回答：「唉，那都過去了。畢竟現今是新中國了，再與誰去抗爭？我跟不上新社會的變化，我有原罪要向共產黨贖，我需要洗腦改造！」

「不！爸爸你愛國有什麼罪？你解放前在善後救濟總署政府部門做事，甚至當過『專員』不是什麼原罪？你醒悟過來吧！不要中毛澤東階級鬥爭圈套。毛澤東自己說過，哪裡有壓迫，那裡就有反抗。國家已是新的了，當局做法卻是舊的，是封建專制老一套！」輝哥直言不諱評擊道。

「噓！」父親急忙去按三兒的嘴，「快別瞎說，別人聽見不得了！還是耐著心吧。」

倔強的輝哥卻不聽老父勸告，繼續憤恨地說：「開國後毛澤東一年比一年『左』得凶，越來越打擊一大片，冤獄遍地，這樣鬧下去，國家還有希望嗎?!」

在旁邊見他倆如此爭辯的我，心如刀絞，痛楚異常，但也無可奈何，無話可勸。

記得有一天刮十一級颱風下暴雨，新村裡的路上全是風雨刮下的枯枝敗葉，陰溝堵塞、汙水橫溢。里弄專政人員與幾名造反派上門，硬逼老父與三哥去清掃、掏挖。三哥說，父親年已古稀，禁不住狂風暴雨，由他一人前去。不料造反派不答應，兇狠地訓斥：「老反革命也要去，讓暴風雨清洗他的罪惡靈魂！」輝哥怒火直冒，手揮大掃帚憤然表示：「誰想害我老父親，我先跟他拼了！」造反派不由分說，衝上來架住輝哥，並把老父一起，拖到樓下門口現場批鬥。這時風狂雨驟，造反派竟將輝哥推出門

外,任憑風雨摧殘。同時造反派們狂呼「打倒現行反革命分子劉
文輝!」「反革命反撲,砸爛反革命狗頭!」輝哥挺身昂首迎著
風雨,雙手揮舞大掃帚,巍然不屈呼喊:「我死都不怕,還怕風
雨嗎?!」驟然回身,揚著掃帚直指造反派怒吼道:「砸吧!我是
『狗頭』,你們是『狼頭』,是惡狼,今天橫豎是個死,大家一
起來砸吧!」輝哥拼命地將大掃帚向造反派頭上擲去,嚇得他們
慌忙低頭,貓著腰,快步逃出門外,消失在風雨中。事後,派出
所民警來將輝哥叫去,狠狠訓斥,關了一天,警告再發生此事,
送他進監獄。

抄家又批鬥

　　66年恐怖的紅八月,我家連續遭受幾個中學紅衛兵組織的抄
家。他們是根據派出所提供的反革命家庭地址名單,不分白天黑
夜,隨時隨地高唱《造反有理》革命歌曲,跑著步衝鋒打上門
來。一闖進二樓16室我家大門,就七手八腳翻箱倒櫃,搜尋金銀
財寶,認為凡是「反革命」家中,必然是過去的地主資本家,沒
有哪個不私藏著金銀財寶的。不料我家長年累月吃飯都成問題,
原先母親的陪嫁珍寶也已變賣得所剩無幾。他們搜尋不到就抽出
皮帶,兜頭攬腦地抽打我父親,老人急忙踉蹌後退,輝哥挺身上
去阻擋。這時,在底樓4室我姐姐房內抄家的紅衛兵小將們大聲
歡呼「抄到了!抄到了!」樓上這批小將急忙蜂擁下去觀看。那
是我母親三十多年前陪嫁品中僅留的幾隻手鐲、翡翠、玉片。他
們如獲至寶,紛紛你搶我奪,一塊較大的純碧好玉被打碎在地,
有些小將還從地上搶奪碎片。另幾個紅衛兵從我母親箱櫥裡抄到
珍藏了半個多世紀的幾幅國畫,那是太外公胡公壽的親筆丹青。
中學生們不知它為何物,幾個人有趣的傳觀,有一個大喊:「封
資修四舊,還看什麼!」搶上前一把奪過,雙手把它扯撕得粉
碎,還把團團碎紙擲出窗外,邊跳邊高叫「大破四舊,徹底砸爛

舊世界！」旁邊紅衛兵們一起跟著呼喊：「砸爛舊世界，建設紅彤彤的新世界！我們心中的紅太陽毛主席萬歲！萬萬歲！」

而那些先前闖進16室的紅衛兵小將們，見在底樓撈不到油水，沒有戰績，就趕緊殺回馬槍又奔上二樓。他們根據派出所提供的情報，知道我父親曾在解放前當過國民黨專員，是個反動大官，就硬逼著我父親交代罪證。老人被嚇得抖抖索索，連說「我……我是個臨時專員，沒……沒有做過什麼壞事……」，他們絕不相信，訓斥他「抵賴」，說「頑固不化，死路一條」，衝上前去抽皮帶就動粗毆打。這時，一個精刮的小將，從箱底下搜查到不少父親珍藏多年的發黃照片，欣喜地大喊「抄到了，抄到了！」父親長得很英俊，早年時拍了不少照片。這下倒大霉，不瞭解歷史背景的紅衛兵認為找到了所謂的反革命罪證。他們湊在一起起鬨翻看，春風得意的父親戴著大禮帽，穿著筆挺的西裝，同聯合國救濟總署派來的外國軍官握手，背後是巨大的萬噸輪船。有幾張照片上還有國民黨軍官與美軍人員，和父親一起在秦皇島碼頭督運貨物，還有一張是父親和陳納德將軍在機場的合影。以及父親在香港拍電影時的劇照。

紅衛兵小將一見戰果輝煌，指指照片，又用手指戳著父親的臉，大聲喝問：「你這個老反革命，還不老實交代，你自己看看，當年你這個國民黨大官僚耀武揚威的反革命樣子！旁邊站著那些穿軍裝的外國人是誰？老實說，這在哪裡？幹了什麼反革命勾當？」

面對小將們吼叫亂罵，老父親定了定神，認真地回答：「這是我代表當時政府與人民，去蘇聯符拉迪沃斯托克、美國關島與夏威夷海港，接受抗戰勝利後聯合國發給中國的戰後慈善救濟物資照片……」。

「老反革命還在騙人，當時政府是蔣介石反動政府，怎麼代表人民？你還在放毒，」未待老人說完，一個年紀大些的中學生搶上來打斷說，「蘇聯是蘇修，美國是美帝，它們怎會發善心向

中國撥救濟物資呢？顯然你又在耍花樣，欺騙我們小將，以為我們不懂歷史……」這群不懂歷史背景的孩子們，自以為是，反覆批鬥父親。

「喏，」大概往事的驕傲使老人頓時勇氣倍增，父親伸手過去揀出張照片說道：「這是在秦皇島碼頭，我指揮工人把國際救援物資搬運去解放區，旁邊站立的有共產黨伍修權領導同志……」有個年紀大些，估計是高中生，從父親手上奪過照片端詳起來，正要駁斥老人「狡辯」。突然旁邊那個細心收刮者又從另一本書中抖出一張大照片，頓時大叫：「不得了，這個老反革命還拿槍！」另一個紅衛兵手裡也搜出一迭照片，大叫：「看！這老反革命年輕時穿得多瀟灑，與這漂亮的女妖怪，過得全是資產階級醉生夢死的生活！」「這個女人是誰？怎麼穿得這樣妖裡妖氣？」他們聚在一起搶著看照片，並逼父親老實交待。原來這些照片是父親當年在香港拍電影時的劇照，三十年代父親常駐香港，是叔叔開辦的香港順泰海外貿易公司負責人。年輕英俊的父親，在香港曾投身過電影圈，藝名劉唐，與當時香港女明星李綺年合拍過「殘歌」等電影。劇照中有化妝演出國民革命軍與北洋軍閥作戰的照片，也有與李琦年的對拍戲。這下子，紅衛兵小將「掃四舊」行動戰果累累，戰鬥士氣大振，幾個紅衛兵一起揪著老人，勒令他低頭認罪。父親膽小怕事，唯唯諾諾，七十歲的老人任憑他們摁著腦袋，硬被雙肩背翻彎腰九十度，大呼「痛啊！痛啊！」血氣方剛的輝哥一個箭步上去扶住父親，大喊「你們講點人道主義，我父親是古稀老人了，你們怎可……」話未說完，一個紅衛兵揮舞皮帶朝輝哥猛抽一下，輝哥轉身奪皮帶，室內混亂一片，父親老淚縱橫，嘶啞地竭力喊：「作孽啊，作孽！」

另一批紅衛兵，把輝哥堆放在床底下的幾箱中外名著抄出來，翻一本撕一本，揀他們認為好看的，一本本扔進一隻大紙箱內準備帶走。輝哥一生節儉，但愛書如命，十多年來收集購買了不少心愛的書刊，並勤奮閱讀，在許多書中都有他留下的批註心

得。紅衛兵們搶他的書，等於搶劫他的寶貝，紅衛兵撕書聲聲，猶似在他心上一刀刀絞割。輝哥急忙上前向他們解釋：你們撕的這些都是中外名著、進步書籍，有費爾巴哈、黑格爾、聖西門、傅立葉、歐文、考茨基、普列漢諾夫……都是馬列主義、毛澤東的啟蒙老師。紅衛兵哪聽他的解釋，依然照搶照撕，還怒罵：「放屁，偉大領袖毛主席是天才中天才，怎麼會有外國老師？」他們還現場背誦林彪「天才論」指示，「20世紀的天才是毛澤東同志，像毛主席這樣世界最偉大的天才，全世界幾百年，中國幾千年才出現一個」。輝哥怒火沖天，想從他們手中把書奪下來，阻止他們的惡行，這下又得罪了這批小霸王，他們根本不懂這些書正是馬恩列斯毛的老祖宗，是唯物論、辯證法，或是早期的空想社會主義始祖，沒有這些人類先知先覺，哪來所謂的馬列主義毛澤東思想。可是小將們顯然無知無畏，四五個一起衝上來對輝哥拳打腳踢，皮帶亂舞，並要用繩子將輝哥捆綁起來，邊罵：「媽的，這傢伙多反動，家裡藏了這麼多『封資修』書籍，不是外國、就是孔孟的書，沒有一本是革命書籍，還當寶貝，全部把它燒掉，看他今後怎麼看。」然後在我家大門口燒了輝哥精心收集的幾百本書。

　　這時正巧我從工廠下班，進門看到這一情景，馬上過去拉開怒火中抗爭的輝哥，而另一個小紅衛兵至多16歲模樣，竟揮舞軍用皮帶，用銅頭敲擊我父親的腦袋，我衝上去大喝道：「不准打人！你們不要欺人太甚！七十多歲老人經不住這般打，你的爺爺奶奶可以這般打嗎？」這夥人見我理直氣壯，雖然腿腳殘疾，但腰粗背闊，渾身有力，知道來者不善，頓時被嚇住收回了皮帶。其中有個中學生是里弄附近的，認識我，就指著我鼻子兇狠訓斥：「狗崽子，你家一個老反革命、一個中反革命，你是小反革命，識相點，否則連你一起揍！」我正想大聲回擊他，輝哥怕我牽連吃虧，急忙叫我出去。我剛走出門，帶隊的造反派攔著我，喝令「不許出去，想轉移窩藏材料嗎？」並上來把我的口袋一一

翻遍。他又叫紅衛兵「繼續搜查，注意死角」。於是我家裡又是一陣乒乒乓乓打砸聲，所有抽屜都被翻過了，所有箱櫃都被打開，凡值錢的東西都被抄走，最後一個紅衛兵頭頭走出門，不甘心又返回，強行搶走了家中存下的唯一值錢的一台六管紅燈牌收音機。我上前攔著他說：「收音機不是四舊，我們也要聽黨中央聲音，為什麼要拿走？」。這小強盜蠻橫地瞪著眼說：「四類分子家庭沒資格聽！有人反映劉文輝深夜收聽『美國之音』，我們要沒收，拿回去檢查，如有問題，回來算總帳，當心你們狗命。」說完抱起收音機就揚長而去。

那荒唐的年代，幾乎沒有任何人可以倖免，平時的妒忌積怨、同事鄰居間的不和，背後暗箭隨時可以造成鬥爭、抄家、拘押。不知哪位鄰居去派出所誣告說「歷史反革命劉宗漢半夜裡在屋後花園藏東西。」於是那天很快又衝進來一批紅衛兵，到我家窗外花園籬笆裡亂挖，把花木統統砸爛，又掘地三尺，除了泥土還是泥土。洩氣了，家裡已經來了五批抄家的紅衛兵了，該搶的早搶光了，拿不到戰利品的人把怨氣全發在父親與三哥身上，又對他們摁頭彎腰九十度，抽出皮帶毒打，逼令他倆下跪認罪。老母親悲憤不已，與我們同住的四個外甥，最大的十六歲，最小的八歲，他們驚嚇得「哇哇」大叫，亂成一團。手足無措地躲在老外婆身後痛哭發抖，有的還鑽到床底下去。他們只知道外公與三舅舅把他們從小抱大，疼他們照顧他們，不知道為什麼要遭受如此毒打。他們看到別人家孩子戴上紅衛兵袖章，自己卻成了什麼「黑五類」，被人叫狗崽子，幼小心靈嘗遍了痛苦。

殘酷的紅八月，家中連遭多次抄家，父親有苦難嘸、有口難辯，他雖然寫了一手好字，也愛收藏照片。但在絕望中，還是忍痛一把火燒光一大堆照片與文字筆記。父親不願意再回憶和看到過去影子，也不願留下這些「罪證」株連子女，從此家中就抹去了父親過去所有的痕跡。

記得一天我拿回家一疊傳單中，有一份北京來的紅衛兵戰

報，上面報導了北京近郊大興縣三百多名四類分子被殺害，最大的八十歲，最小的出生才三十八天，有二十二戶人家被殺絕，若不是北京市委書記馬力親自到縣制止，這場慘絕人寰的惡性鬥殺還會發展，這份戰報上還印了當時文革紅人公安部長謝富治在北京公安局一次會議上的講話：「過去規定的東西，不管國家還是公安機關，不要受約束，群眾打死人，我不贊成，但群眾對壞人恨之入骨，我們勸阻不住，就不要勉強……」這些不負責任的煽動性講話令全國範圍內掀起了殘害四類分子的種種暴行，流毒面之廣歷史罕見。當時從北京還傳來毛主席最高指示「保衛首都」，在北京衛戍軍隊支持下，由北京公安局配合提供名單，再由臭名昭著的北京紅衛兵西城糾察隊帶領，掀起一場驅趕四類分子出城的運動。在紅色恐怖政權下，北京有近十萬戶家庭被掃地出門，趕出北京城去農村。當輝哥讀簡報時，憤恨地指著家裡牆上貼的毛澤東像說：「文革是通過群眾專政即暴民專政來達到群體絕滅的目的，使中國無數死難者註定要做無主的冤魂。將來總有一天，歷史和人民會向這位禍國殃民的暴君清算這一筆筆血淚賬的，否則天理不容。」

在這昏天黑地的日子裡，輝哥幾乎每天夜裡，都在家徒四壁的小屋裡，就著昏黃燈光下，默默奮筆疾書，有時又對我憂心忡忡地低聲說：「這樣下去，我們的國家將給毛澤東澈底搞砸了！」

夜讀大字報

5月10日，《解放日報》刊登了姚文元又一篇大篇幅文章《評「三家村」──〈燕山夜話〉〈三家村箚記〉的反動本質》。《北京日報》無奈公佈了鄧拓、吳晗、廖沫沙三人的材料，對「三家村」進行批判。但毛澤東還不滿意，指責彭真控制的北京日報為「假批判，真包庇」。姚文元在文章中直接上綱上

線：「在《燕山夜話》和《三家村箚記》中，貫穿著一條同《海瑞罵皇帝》、《海瑞罷官》一脈相承的反黨反社會主義的黑線，汙蔑和攻擊以毛澤東同志為首黨中央，攻擊黨的總路線，全力支持被『罷』了『官』的右傾機會主義分子的翻案攻擊，支持封建勢力和資本主義勢力猖狂攻擊。」文章中還公開宣稱：凡是反對毛澤東思想的，「不管是『大師』、『權威』、三家村或四家店，不管多麼有名、多麼有地位，是受到什麼人指使，受到什麼人支持，受到什麼人吹捧，全都揭露出來，批判他們，踏倒他們。」緊接著，全國報紙與廣播，開始對鄧拓、吳晗、廖沫沙瘋狂的批判圍剿。

輝哥對此氣憤萬分。他告訴我，姚文元是早年曾被魯迅先生諷刺、批評的姚蓬子的兒子，自己出身一塌糊塗，現今高舉棍子，硬是把人家往死裡打。又說鄧拓原是人民日報總編輯，是從延安時代開始緊跟毛澤東的有才華的革命知識分子，現任北京市委文教書記，他寫的《燕山夜話》不僅文采好，而且含義深邃，是本好書（輝哥早已購買並要我們兄妹精讀）。三哥憑他多年政治嗅覺，馬上意識到批《海瑞罷官》、《三家村》這是黨內高層進行的一場鬥爭，毛把這些北京市高層幹部拋出來打倒，目標看來只有對針北京市委第一書記、市長彭真了。果然，緊接著《五·一六通知》後，彭真為首的北京市委被中央宣佈為「獨立王國」，全體領導統統打倒，被一鍋子端掉。當時彭真是中共中央書記處書記，排名在鄧小平之後，受命協助鄧日常工作。接著中共中央又宣佈以宣傳部長陸定一為首的中央宣傳部為「閻王殿」，「砸爛閻王殿，小鬼鬧革命」。輝哥一再喃喃自語：「國家與民族的大災難來臨了。」

8月5日毛澤東寫《炮打司令部》，不指名地將矛頭直接針對劉少奇、鄧小平。毛還欽定北大聶元梓等人的大字報為「全國第一張馬列主義的大字報」，並親自在人民日報寫評論，「是寫得何等好啊！」還嚴屬指責「中央到地方的某些領導同志」（指劉

少奇、鄧小平及各省市領導）「實行資產階級專政」、「實行白色恐怖」、「又何其毒也！」記得當北大聶元梓等人的大字報一公佈，輝哥就聯繫《海瑞罷官》、《三家村》一系列事件，對我分析說：北京大學向來是中國政治運動的是非之地。吳晗是胡適門下弟子，胡適的思想在北大師生中影響根深蒂固，中國新文化運動的發源地在北大，中國現代一批最傑出的思想家也誕生在北大。可以說，那裡是培養中國知識分子獨立思考的搖籃。毛澤東批吳晗他們、支持聶元梓等人大字報，就是首先向北大開刀，向全國知識分子的核心堡壘開刀。

　　讀了毛澤東的《炮打司令部》大字報，輝哥更是憤慨萬分地對我說，毛澤東從對知識分子下毒手開始，現在又進一步轉向黨內棟梁骨幹，現今要向一起打江山的老戰友、大功臣、身邊的老同事開刀了。剛剛開過的八屆十一中全會，是毛澤東從黨中央「清理隊伍」的標誌，針對劉少奇、鄧小平──一個國家主席、一個共產黨總書記，一場大規模的圍剿迫害運動開始了。北京許多高校聯合成立了「批劉火線指揮部」，又對總書記鄧小平逼令「深刻檢討」。國家主席劉少奇一夜間失去了人身自由，失去公民權利，被十多萬紅衛兵團團圍困殘酷批鬥，遭受慘無人道的迫害。

　　輝哥感歎地說：「這次毛清洗黨內異見分子規模將超越以往任何一次黨內所謂路線鬥爭。」「而運動殃及到的範圍也將大於任何一次政治運動，是可忍，孰不可忍？」輝哥對這次全會非常關注，他一連幾夜輾轉反側，神情異常。有十幾個深夜，我已睡了一大覺醒來，看到他還呆呆地坐在書桌邊，不知在沉思玄想些什麼。他為了不妨礙父親與我休息，將檯燈罩了張報紙，遮蔽了大部分光線。他在默默地思索，在這「文革」禍水滾滾、狂瀾滔天，國家、民族與共產黨的生死危急關頭，他該如何抗爭。

　　八年多的「右派」之難與「現行反革命」帽子，人間煉獄不僅沒有壓垮輝哥，反而使他磨練出一副錚錚鐵骨，一雙火眼金

睛。自從戴上「現反」帽子被遣返上海老家後，輝哥除了白天受
監督勞動，幾乎天天夜晚讀書思考不斷。「文革」全面開始後，
儘管屢遭非人的批鬥、抄家，他思想的車輪卻依然在奔馳不息。
他個人的行為被日夜監視，就常叫我下班後到當時運動最激烈、
大字報最多的地方，及受中央文革指使北京紅衛兵煽風點火最活
躍的場所去收集各種傳單、資料，帶回家給他閱讀、研究。

　　我白天在單位裡明哲保身，跟著大家一起高呼文化大革命的
口號，參加大批判，抄寫大字報，下班即竄到社會，在各大學和
文藝部門及市委機關等場所，幫輝哥到處收集各種運動資訊與材
料。每當我帶回一大卷紅紅綠綠的紅衛兵小報、街頭散發的傳
單，交到輝哥手上時，他總是高興得如獲至寶，常拍拍這些材料
自語：「知彼知己，才能百戰不殆。」

　　而在同一屋簷下，面臨經常批鬥抄家被周圍鄰居監視的惡劣
環境，父親看到兩個兒子偷偷摸摸的行動，被管制的三兒子經常
寫東西到天亮並東藏西塞，他終日提心吊膽。知道也勸不醒這個
血氣方剛倔強的三兒子，但憑自己的社會閱歷知道輝哥前途凶多
吉少，所以好幾次偷偷拉著我說：「你最好搬到單位去住，不要
老在家聽文輝指揮，在外面幫他收集這些危險的傳單資料，總有
一天你們兄弟倆人會被抓進去的」。我對父親的勸告只當「耳邊
風」，繼續幫輝哥做一切事。

　　一個完全被管制監視的人，誰能料想到，他卻是比任何人都
更全身心認真地投入這場轟轟烈烈的政治大運動。三哥逐漸明確
毛澤東推行的「階級鬥爭」造成了一個崇尚仇恨、鬥爭的政黨和
國家，它不能給人民帶來和平、幸福、和諧、平安。他認為中國
人不應該在愚昧無知的社會中生活下去，必須改變、覺醒，如果
一個民族發展到沒有人敢出來抗爭、揭露的地步，那麼這個民族
是沒有希望了。他認為總要有人出來，總要有人犧牲，他劉文輝
就是應該帶頭出來抗爭的人。

　　說句真心話，輝哥當時的異常大膽、毫不自顧的冒險行動，

常使我提心吊膽。他提出自己要出外去看大字報。我自小對他言聽計從，但對這件事頗感為難。他這樣的身分怎可拋頭露面出去呢？四周的鄰居像特務一樣時刻監視他這個年輕的反革命管制分子，那年代檢舉揭發是保護自己的手段，我家隔壁就住著一位江南造船廠造反派幹部，全家像賊一樣監視我們。三哥白天不是監督勞動就是遭批鬥，也無法脫身到馬路上去啊！他聰明設計，深夜十點鐘後，悄悄躲過鄰居的監視，叫我把自行車推到附近市民新村處，找個暗角落等他。第一次我試著這樣做，他輕手輕腳摸到約定的市民新村牆角邊，騎上我的自行車，轉眼消失在朦朧夜幕中。我忐忑不安地回到家中，一夜無法安眠。天濛濛亮，他貓手貓腳溜回家中，情緒激動得無法言說。他親眼看到了大字報的海洋，敏銳地從中看出毛澤東身邊一群「寵、奸」親信們如何手段卑鄙、伎倆拙劣地踐踏真理、大放謬論。

記得有一次，他在交通大學看到一篇北京林學院李洪山寫的「踢開中共文革小組，自己起來鬧革命」的大字報，由此引起院校中「懷疑一切」思想的辯論。他回家告訴我，這個觀點值得引導開展討論。於是他寫了一張大字報叫我連夜去交大校園張貼。他在大字報上引用胡適先生的一個觀點說：「我們提倡懷疑是反對武斷，反對一切教條主義，一個自由獨立的人和組織，對於一切思想，一切主義，必須要通過懷疑，而後可以相信，必須仔細考究過，然後可以相信，否則就是盲從。我們要提倡堅持獨立思考，反對思想專制，反對精神奴隸。」我知道三哥目的是想啟發大學生們獨立思考，對此，「文革」的當局者是絕不允許的。第二天我再去看這張大字報，聽說引起大學生們的轟動，兩派組織展開激烈爭辯，但幾天後輝哥這張大字報很快就被作為一種「反動觀點」覆蓋掉了。

在復旦大學，有不少大字報受北京譚力夫鼓吹的「血統論」影響下，大肆宣揚「老子英雄兒好漢，老子反動兒混蛋，從來如此」。輝哥忍不住，又寫了一張大字報叫我半夜看到無人時去

貼。他批判「血統論」是徹頭徹尾的唯心主義，是違背馬列主義原則，他指出，「譚力夫這對聯不是真理，是絕對錯誤。人所受的影響主要來自社會而不是家庭出身。一個人所受影響好壞，從實踐中產生。不懂得人的思想是從實踐中產生這道理，實際上不是唯物主義，也是違反馬列主義原則的。舉一例子，中央文革成員陳伯達、康生、江青、張春橋、姚文元他們均出身不好，借這位譚兄的謬論，他們有什麼資格領導文革？他們也應屬被打倒之列。……」第二天我再去觀看，大學生們都在傳說，不知是誰，竟敢指桑罵槐，既批評了譚力夫的謬論，又點了中央文革各位領導的名，戳穿了他們的老底，厲害，厲害……。

還有一次在同濟大學，他看到一張大字報上寫著，「北京市委是水拍不進的資產階級獨立王國，彭真是北京市委一群牛鬼蛇神的總司令」，並把彭真畫成鬼像。三哥還是忍不住，乘半夜無人在大字報空白處，用粗體鋼筆字寫上：「彭真是人不是『鬼』，毛澤東同樣是人不是『神』。是人就會犯錯誤，毛澤東犯的錯誤不比別人少……」。輝哥天亮偷偷摸摸回家得意地告訴了我，並叫我下班後去看看這張大字報情況。我既擔心又好奇，到那裡發覺不妙，三哥寫字的這張大字報被撕掉，公安局旁邊還貼了一張告示：警惕階級敵人破壞文化大革命，最近發現有人塗寫反革命標語……希望革命師生擦亮眼睛檢舉揭發。

當然，被輝哥「戳一槍」的那些大字報，不能起到大的揭露文化大革命真相的作用。但通過這幾件事，使輝哥一直在深思，並躍躍欲試，三哥認為：目前社會上，特別是大學的大字報完全處在無政府失控狀況，各造反派山頭林立，左、中、右，造反與保皇派都有，特別是他發覺當運動衝擊到共產黨高層幹部時，同樣也觸犯了他們及其子女長期來自紅色政權的優越感。譚力夫的觀點就是典型例子。當他看到我拿來的一份北京紅衛兵聯合行動指揮部（聯動）散發的傳單，裡面公然為劉鄧鳴不平，並稱「毛主席正確與否十年後見分曉」等反毛的觀點時，他認為這是一個

極好機會，可以借大學校園各派組織混亂局面，尋找機會揭露文革這場陰謀，來喚醒億萬狂熱的民眾，掀起一場民主抗暴運動。

1966年夏天，社會上傳來老舍自殺的消息，輝哥卻對我說：老舍他們不應該這樣屈辱地去死，要死也要學越南僧侶那樣去天安門廣場自焚（當時中國報導南越西貢僧侶為抗議美軍當街自焚的新聞），這樣的死才更有意義與價值。這年的九月，毛澤東在天安門一次又一次地公開檢閱幾百萬紅衛兵，輝哥非常仔細觀察與瞭解了這一場景，他當時跟我講了一些古今中外義士刺殺暴君的故事，甚至講了一句令我心驚肉跳的話：如果要我為國為民去刺殺暴君，一定義不容辭。

駁斥十六條

白天，輝哥照樣在里弄與老父親一起掃垃圾、掏陰溝，一到半夜就偷偷摸摸去大專院校看大字報，他一連幾個通宵沒有合過眼，雙眼熬得通紅，但還是賣力地接受監督勞動，甚至時時叫老父親少做點，讓他全力來負擔，專政隊看到他滾得一身骯髒、賣力幹活的樣子，以為他真的在認罪改造了。其實誰都不知道，這時的輝哥已做好準備在「文革」的腥風血雨衝鋒陷陣，並且早已把個人的安危、自身的勞累、命運的生死置之度外了。

有一天夜裡他在華東師大看到一張題為《一個右派分子恐嚇信》的大字報，內容揭露五七年反右鬥爭是對知識分子的迫害，而這次文革是場更大的迫害，作為反面教材，這封信被全文張貼出來，在大學師生中引起了軒然大波。這件事直接觸發了他醞釀許久的計畫。他告訴我，也想寫一篇大文章，全面揭露毛澤東發動「文革」是禍國殃民的大陰謀，借各派混亂之手，只要有人敢以反面教材抄寫貼出來，一定能震撼中國大地。他還說，現今真的需要有人像普魯米修斯那樣，在這「文革」黑暗年代裡點燃一支熊熊燃燒的火把，照亮中華大地，使人民覺醒，擦亮眼睛辨

別真偽，讓億萬民眾團結起來遏制倒行逆施的毛澤東禍國害民路線。

　　輝哥告訴我，這一段時間他已經寫成了二本小冊子，一本名為《冒牌的階級鬥爭與實踐破產論》，另一本是《通觀五七年來的各項運動》。輝哥叫我藏這二本書時，我匆忙翻了一下，迄今還記得在《冒牌的階級鬥爭與實踐破產論》中有這樣一段話：「毛澤東一生追求暴力革命與造反，他一生貫穿的就是鬥爭哲學。從黨內路線鬥爭開始，與國民黨蔣介石爭奪中國的政權鬥爭，與蘇聯爭奪共產主義領導權鬥爭，與西方美英對抗支持亞非拉世界革命鬥爭。毛澤東從革命開始鬥到革命成功，從裡鬥到外。照理說江山到手，新中國成立應該太平搞經濟建設，但他沒有太平，用他話說：『與天鬥、與地鬥、與人鬥其樂無窮』。他的治國方針就是以『階級鬥爭為綱』，以『無產階級專政為目』，綱舉目張。他把六億人民捆綁在他的革命戰車上，一直車輪滾滾，一場又一場政治鬥爭從未間斷過，……鬥得國家天昏地暗、鬥得黨內草木皆兵、鬥得人民心驚肉跳，唯有他躲在紅牆大院的中南海裡偷偷樂。」輝哥還寫道：毛澤東是「史達林加秦始皇」，有狂熱的強國衝動和極端的民族自信，是中國歷史上最大的暴君。他在中國締造了一個謊言王國，他發動的一次又一次運動，哪一次不是以他為校長開辦「謊言訓練大學」。第一個大謊言就是「抗美援朝」。所以他的接班人最瞭解和學他樣，林彪的兩句名言「不說假話成不了大事」，「誰說真話誰完蛋」！……

　　不料過了幾天，又一批紅衛兵闖進我家中，將已抄過多次的家再一次作地毯式抄查，竟將輝哥寫好的分散夾在留下來的書籍堆中的那二本小冊子手稿全抄去了！雖然不見專政機關來追查政治問題，但輝哥心裡默默傷痛了許多天，因為他花費兩個月心血的戰鬥成果被無妄之災銷毀了。

　　敢作敢為、不屈不撓、誓死抗爭的性格，使輝哥心裡燃起更猛烈的鬥爭怒火。到了9月28日深夜，也許他已深思熟慮了，猶

發表毛澤東「十六條」的《人民日報》原件

如一個勇士孤身撲上敵人的槍口，斷然地攤開了「十六條」公報，叫我去門外放哨、望風，以防有人來窺探，或突然撞進家來壞了大事。他伏案奮筆疾書了四個小時，寫成了《駁文化大革命十六條》近萬言書。第二天夜裡，輝哥對自己複寫信件上的字體非常不滿意，擔心被人認出，因為他的字體太特別很容易被人認出，所以考慮再三要我幫忙重新抄寫。

　　當我第一眼看到文章內容，心跳加速，腦海中馬上跳出「殺頭」二字。但輝哥早已不怕殺頭了。他說，「今天毛澤東瘋了，共產黨也瘋了，這文化大革命正要逼瘋全民。國家不能這樣隨獨裁者為所欲為地擺佈，如果沒有人敢站出來，這民族就沒有希望了！」天下興亡，匹夫有責。輝哥寧願做當代的顧炎武、譚嗣同、中國的普魯米修斯！我一連二天抄寫到半夜，複寫成十四封

長信，每封信有十張信紙厚。我一邊抄寫，一邊心裡陣陣顫抖，那不是信，而是一排排密集的巨型炮彈，向著毛澤東的文化大革命，向著禍國殃民的階級鬥爭謬論猛烈開火⋯⋯。他精心挑選了十四個大學的收件組織，其中一些紅衛兵組織很有名，如北京聯動，輝哥決定，要我趁國慶日休假，趕去杭州向北大、清華、復旦等全國十四所最著名的大學投寄這十四封匿名信。

輝哥一再對我說，「兄弟，這件事敗露是要殺頭的，你敢不敢做？」我從小崇拜輝哥，對他一貫言聽計從，但還是勸輝哥說：「中國是大家的，不是你一個人的，你一個人改變不了什麼，何必撞到當局者的槍口上呢？」

輝哥回頭瞥了一眼早已熟睡的老父親，輕聲而堅決地說，「人人都像爸爸這樣逆來忍受，全讓毛澤東一人專制獨裁，為所欲為，中國遲早會退到封建舊社會去的！」接著他果斷地激勵我：「我們年輕人再不能繼承爸爸的軟弱可欺了，而要發揚二位舅舅的傲骨抗爭，學習歷代志士仁人『挽狂瀾於既倒』的大無畏精神。古今中外，反專制反獨裁，必然有人以身許國，拋頭顱、灑熱血，喚起苦難而軟弱的民眾奮起反抗。那麼，今天就從我劉文輝開始吧！」說畢，輝哥他猛然站立起來，面對窗外漆黑色的夜空，雙目閃閃，凜凜無畏。誓言無聲，我好似聽到他的呼喊「我不入地獄，誰入地獄」的心聲。在他鐵骨錚錚、視死如歸的身影邊，我也熱血沸騰，果斷地打消猶豫，答應去杭州投寄。

輝哥對中國共產黨中央委員會《關於無產階級文化大革命的決定》即「十六條」研究分析了很久。他告訴我：十六條是指導文革的綱領性文件，十六條出籠，表明中共中央委員會全體被迫接受毛澤東的左傾思想。此文件會引發中國政治大地震，會給國家與人民帶來巨大災難，是一場文化大浩劫。

我至今仍能清楚地記得我的三哥──反文革第一人劉文輝在《駁文化大革命十六條》中觸目驚心的那些章節與其中的鋒利話語，因為他是針對「十六條」內容逐條反駁的，加上當時他不斷

對我教育相關看法，另外他的遺書與判決書都提到這些內容，所以我能對照原十六條回憶起大部分的原文。

第一條：社會帝國主義的新階段。他指出：當前開展的無產階級文化大革命是一場「文化大浩劫」。毛澤東以解放世界三分之二的人民之謬論，以支持亞非拉輸出革命為理由，是完全不顧中國人民的死活。今天中國所謂的社會主義革命新階段實質上是毛推行的鎖國排他主義，是一場反民主自由、反經濟實業運動⋯⋯。社會帝國主義新階段，就是「窮兵黷武主義新階段」，是戰爭的策源地⋯⋯。

第二條：主流和曲折。他說：文化大革命是一次暴力革命，暴力革命必然走上恐怖專政，推行法西斯主義⋯⋯。

第三條：「敢」字當頭。他號召青年學子學習胡適精神，「要解放思想、要獨立思考、反對教條、要學會識別真偽、要大膽懷疑、小心求證、自作結論」，特別是對毛澤東思想和所謂最高指示。他提醒黨內外不要盲從，擦亮眼睛。他指出，當今共產黨內不存在所謂走資本主義道路的當權派，只有權力集團的鬥爭，只有集權與民主、專制與改革、封閉與開放的鬥爭。如果盲目接受毛的路線將貽害無窮。他還指出：胡適先生五四時期對中國人的教誨，今天看來仍是顛撲不破的真理，在華人世界的台灣、香港、新加坡都在發揚繼承，如果中國要走民主與自由之路必然要遵循胡適的教誨⋯⋯。

第四條：讓群眾在切身痛苦中教育自己。他指出：無產階級文化大革命實質上是一場「全民政治大迫害運動」。紅衛兵和工農造反派只是毛澤東利用的對象和工具，毛達到目的之後，他們最終將落得「卸磨殺驢吃」的下場，這是歷史教訓⋯⋯。

第五條：堅決反對毛的階級鬥爭路線。反對毛的無產階級專政下繼

續革命的謬論，階級鬥爭是毛一貫惡性報復奴役人民的手段。所謂「文化大革命重點是整頓黨內走資派」是個幌子騙局，毛實質目的是要清除黨內異己，進一步打擊中國知識分子獨立思考的精神……。

第六條：正確處理人民內部矛盾。他說：要正確對待人民內部矛盾與同胞手足之情。所謂敵我矛盾是毛推行階級鬥爭的需要和手段，目的是轉移人民的視線和對他暴政的不滿。關於區別對待黨內幹部問題，他指出：共產黨內有務實的現實主義者，他們更關心經濟建設，不贊成毛搞階級鬥爭與世界革命，這批幹部才是毛發動這場文化大革命要清理的主要對象……。

第七條：警惕有人把革命群眾打成「反革命」。他說：文化大革命是大規模革命，必然也要大規模地尋找「反革命」。而這場運動真實目的是建立毛天下，是強姦民意，瘋狂迫害民眾。中國人民一定要警惕匈牙利抗暴鬥爭的教訓，中國的民主主義者應該在抗暴鬥爭的旗幟下聯合起來，建立抗暴統一戰線。在關於自殺與拼殺一段，他號召人民不要怯懦，要揭竿而起，軍隊與幹部要站在人民一邊，奪取武器，佔領黨政軍警、機關、監獄、機場、碼頭、電台、報社……。

第八條：幹部問題。他指出，共產黨幹部有三種：好的，是共產黨內提倡務實的現實主義者，包括不同政見者，他們是毛這次發動文化大革命的主要清除對象，即所謂走資派。一般的，是共產黨中的工具，盲目跟隨毛澤東的各級領導幹部。差的，是那些助紂為虐的野心家、陰謀家與投機分子、跳樑小丑。所有這些幹部都被毛這獨裁者暴君控制著。人民與軍隊要認清真偽，要站在黨內現實主義派一邊，支持他們掀起一場民主抗暴鬥爭……。

第十條：教學改革。他指出：文化大革命這場文化大浩劫，是在毀

減中華民族的優秀文化傳統，因為孔孟儒家思想一直是千百年來優秀文化傳統，批判孔子就是對師道尊嚴的顛覆抵毀。所謂批判「封資修」只是幌子，推行愚民政策才是實質。所謂「知識越多越反動」的口號，實質上是對教育事業與教育工作者的又一次全面摧殘，這場現代焚書坑儒文化運動是對中國知識分子的全面迫害。他呼籲青年學生要繼承發揚當年北大「五四」精神，不要被暴君和他身邊一群奸人所愚弄。他還指出：所謂打倒舊教育制度，所謂「學農」、「學軍」、「參加批判資產階級的文化革命鬥爭」是一場大倒退，是毛精心策劃的又一場洗腦陰謀，就如57年的反右派「陽謀」一樣……。

第十二條：關於科學家、技術人員和一般工作人員的政策。輝哥指出：毛對知識分子的高壓政策從55年反胡風運動就開始，57年反右是高峰，而這場文化大革命是毛一貫推行的焚書坑儒政策的延續，是對中國知識分子史無前例的迫害，比秦世皇有過之而無不及。他號召知識分子不要屈辱、妥協、輕易自殺，而是起來反抗，抵制洗腦，就是要死，也要學越南僧侶一樣，去上海人民廣場和北京天安門廣場上自焚，以此來喚醒愚昧無知的民眾……。

第十三條：同城鄉社會主義教育運動相結合的部署問題。他說：「四清運動」是毛精心策劃想改造社會主義農村幹部的計畫，58年大躍進的失敗而引發的三年自然災害，已造成中國農村餓殍遍野，農民怨聲載道。因為中央七千人大會「三分天災、七分人禍」的結論是對毛的威信一個打擊，他察覺和擔心廣大農村幹部對他的不忠，為了重樹自己威望，所以要發起社會主義教育運動，對廣大農村幹部實行「清政治、清思想、清組織、清經濟」……。

第十四條：抓革命、促生產。他主張：學習西方，打開國門，開展

洋務運動，把外國先進科技知識引進來，搞現代化建
設……。

第十五條：部隊。他說：黨指揮槍就是專制特徵，中國應該走軍隊
國家化道路。人民應該清楚，部隊是國家的，是人民
的，不是獨裁者的家兵與黨兵。他對林彪鼓吹的毛澤東
思想「放之四海皆真理」、「頂峰論」、「理解與不理
解都要執行」之謬論，主張部隊研究它、批判它。並號
召部隊站在人民一邊，反對「解放全人類，支持世界革
命「之謬論，反對軍事獨裁，號召軍隊要參與抗暴，武
裝部署、裡應外合，推翻毛的暴政……。

第十六條：「毛澤東思想是無產階級文化大革命的行動指南」是謬
論。他指出：新中國的誕生是因為毛澤東高舉了民主自
由平等的新民主主義革命大旗，所以人民才擁護他，結
果他卻欺騙了人民，毛搞的是獨裁專制，推行的是愚民
政策。他一再提醒人民：「毛澤東這位暴君，正在孤注
一擲、冒天下之大不韙、玩弄億萬性命、拼其『偉大理
想』之實現。毛強姦民意，瘋狂迫害民眾。文革持續時
間越長，給中華民族與人民帶來災難就越大。全體人民
要看清與認識他，要起來抵制這場倒退歷史的政治運
動……」。

（作者注：以上內容是我根據當年幫三哥劉文輝抄寫時的記憶整理
而成，難免有遺漏和出入，最終文本以將來當局公佈的劉文輝原始
遺稿為準。）

剛開始做這件驚天大事時，三哥一再沉重告訴我說：「兄
弟，這件事敗露是要殺頭的，你敢不敢？考慮清楚後再決定是否
幫哥忙。」當時三哥只要求我幫他去杭州投寄這十四封匿名信，
後來因為他的字跡太獨特太容易識別，要我幫他抄寫，也是後來

我作為同案犯重要罪行中的二條：幫抄寫與投寄反革命罪，被關押十三年的理由。當時19歲的我雖然頭腦簡單，但在深夜一筆筆抄寫時，每寫到毛澤東的「毛」字仍然會手發抖，我知道抄寫這些反毛內容是要殺頭，三哥為穩定我的情緒，特意把文章中所有「毛」字改為冒名頂替的「冒」字。我才大膽落筆下去。

第三章　血祭文革第一人

　　1966年「八・一八」，毛澤東第一次在天安門接見來自全國各地的紅衛兵代表。我在這年的國慶日當天去杭州投寄匿名信時，在火車站看到成群的青年學生湧去北京，心裡不禁蠢蠢欲動，當夜返回上海家中，我向三哥彙報了投寄信件經過後，就同他悄悄商量了此事。輝哥聽我說完，知道十四封匿名信如計畫寄出，眉宇間露出一絲欣喜，而當我提出要出外串聯時，他雙眉又立刻緊皺，默不作聲了，過了好一會兒，才輕聲說「過些日子再說吧！」

　　10月底一天深夜，每天習慣入夜看書寫作的三哥發現我家窗對面那家毛紡廠突然著火，推醒了睡夢中的我，只見幾十米外毛紡廠房頂火光熊熊，而毛紡廠與我們一牆之隔就是工人新村。輝哥吩咐我到樓下去大聲疾呼「救火」，他自己搶先一步跑下樓，翻越工廠圍牆躍上廠房屋頂，一邊奮力脫下外套撲打火苗，一邊大聲呼叫廠裡值班室的工人，他搶過滅火器，帶頭衝進危險區，用滅火器熄滅蔓延向倉庫的火勢，不久消防隊員到了現場，一小時後大火終於撲滅，廠裡重要成品與原料倉庫都安然無恙，當頭髮蓬亂、被煙熏了一臉黑灰、披著燒焦外衣的三哥從房頂跳回新村一瞬間時，黑夜裡上百圍觀的居民紛紛鼓掌，歡呼起來：啊！救火英雄，啊！活雷鋒！而隔壁工廠趕來的領導大聲問，「剛才幫我們廠救火的那位男同志燒傷沒有？他姓什麼？虧得此人勇敢相救，否則後果不堪設想。我代表廠裡好好謝謝他，請轉告他明天我們廠部會登門致謝！送錦旗來。」輝哥一聲不吭連頭都不抬一溜煙衝回家。黑夜裡還是有不少鄰居認出救火英雄是歷史反革命劉宗漢的三兒子———一個現行反革命管制分子。第二天，毛紡

廠與消防隊都給里弄居委會送來了表揚錦旗，上面鏽著「新時代活雷鋒」，要尋找當夜的救火英雄。這令居委幹部頗傷腦筋，不得不當晚開會討論怎麼接受這意外的榮譽，整個工人新村，幾百個工人階級與造反派，偏偏衝在最前頭、奮不顧身救火的卻是個反革命管制分子。當然此事不能宣傳也不能表揚，讓劉文輝接受錦旗這不符合毛澤東思想原則。於是一早，居委幹部陪著派出所民警來找輝哥，敲門大喊「劉文輝，出來！」他們說：昨晚你為人民做了件好事，是將功贖罪，今天你就不要接受工人階級監督出門勞動了。放你一天假作為獎勵，好好待在家裡學習毛選。

外甥們說三舅是活雷鋒。他卻說：我不是雷鋒也不願意當雷鋒，救火救災是一個人的起碼品質。三哥也反對我們學雷鋒，他認為雷鋒只是個沒有頭腦、不會獨立思考、沒有靈魂的小小螺絲釘，「生得窩囊、死得不值」。記得62年，林彪為了迎合毛澤東，在解放軍中製造出一個「毛澤東的好戰士雷鋒」的故事，所有報紙廣播到處宣揚雷鋒事蹟：「精心保養汽車、關心小學生、給人民公社積肥、為災區捐款」等等，光彩奪目的照片搞得幾億中國人傻頭傻腦地把作秀當真。輝哥一針見血說：雷鋒是毛林倆人唱的一齣戲。林彪說，雷鋒同志所做的一切好事，都是在讀了毛主席書、聽了毛主席話、照毛主席指示下產生的。於是，毛澤東心花怒放，題詞號召全國人民「向雷鋒同志學習」，說雷鋒「生得偉大、死得光榮」。輝哥說：「其實雷鋒做的好事，在西方基督世界是很普遍的一種『普世主義的愛』，基督的博愛精神就是要人們互相幫助互相愛護，上帝的旨意就是愛一切人，人與人之間是兄弟姐妹。但雷鋒不同，他只愛毛澤東要他去愛的人，恨毛澤東要他去恨的人，難怪林彪總結『雷鋒是一隻永不生鏽的螺絲釘』。其實更準確地說，雷鋒是毛澤東統治的一部國家大機器中只忠於毛的一隻螺絲釘。」

這天夜裡，我趁三哥心情較為寬慰些，又悄悄提出了要外出大串聯一事。輝哥一算，十四封信寄出快一個月，外界沒有什

麼動靜，估計公安局查不到我們，所以才點頭答應，讓我離開上海。當時三哥非常想瞭解北京究竟發生了多大的黨內鬥爭與清洗，因為從我在各大學收集到的傳單資料中，他看到了中央許多高層人物紛紛被點名炮轟落馬，他很希望當時中國能發生類似匈牙利的民主抗暴事件，黨內有中國納吉式的人物站出來，他也十分希望我能去北京幫他瞭解真實情況。一經三哥同意，我馬上向要好的鄰居中學老同學沈興定借了紅衛兵袖章與學生證，設法搞到一份紅西南串聯介紹信。我二哥文兵是轉業軍人，弄一套軍裝不成問題。66年11月1日，我踏上開往北京的列車，後來，真的趕上了毛澤東的第六次接見紅衛兵。

夜半成囚徒

　　11月27日清晨，我從外地風塵僕僕回到家中。白天，我興致勃勃地向三哥文輝說了所見所聞，在北京天安門廣場目睹毛澤東接見的盛大場面，到四川江油見到四哥文正⋯⋯。我問三哥：你不是叫我最後到雲南五哥處嗎？為什麼突然叫我回上海？輝哥心事重重告訴我：自從我離開單位冒充紅衛兵北上串聯，單位已上門幾次，一定要我立即返廠鬧革命，否則將給予除名出廠處分。同時派出所都來家找過他，追問他叫兄弟去北京幹什麼反革命勾當。他怕引發一個月前匿名信一事，所以突然通知老四叫我速回上海。當我告訴輝哥，在南京車站碰巧遇見沈興定，他說有人去學校瞭解借給我紅衛兵證件一事。輝哥一聽，頓時神態嚴峻，默默不語。因為我路上二天未睡覺，輝哥催促我快點休息。

　　深夜十一點左右，因疲憊而陷入沉睡中的我，突然被衝上樓來的便衣員警反銬了雙手，推搡出門時，看到幾位便衣用槍頂著輝哥的胸膛，也把他反銬起來。就這一瞬間，輝哥回頭頷首囑咐我：「不要怕！鎮定點！」

　　二輛灰白色的警車呼嘯著駛出日暉新村，披著昏黃的路燈，

掠過街道兩邊梧桐樹投下的團團濃影，碾碎滿地黃葉，風馳電掣般地左轉右彎，飛速奔馳。車頭紅燈閃爍，拉出兩道血紅的燈帶。駛向肇嘉浜路時驟然發出一陣陣撕心裂肺的警笛聲「胡……嗚……」「胡……嗚……」，1966年秋末冬初之夜，寒氣特別凝重，「文化大革命」高潮中的上海灘，成千上萬人還湧聚街頭，熱烈爭辯，街道中央綠化帶中，正在七嘴八舌議論的人們，見此情景個個驚得目瞪口呆，鴉雀無聲。

這時的我，十九歲毛頭小夥子，被反銬雙手，押在車內後座中間。左右兩邊被兩位荷槍實彈的公安人員緊緊地挾持。當我側臉向車窗外觀看路徑，猜測車子行進目的地時，員警的粗強大手把我頭摁得低低的，使我幾乎喘不過氣來。約莫半小時左右，警車駛進一所大院嘎然停住，員警打開車門，把我推搡下車。

我被兩位個員警左右挾住拖著歪斜的雙腿，跨進了第二道大鐵門。我瞥見「值班室」牌子，牆上掛鐘指向深夜十一點。看守麻利熟練地搜身，翻出我上下衣褲袋，把一切東西包括一張汽車票根全部收去。並解去我的皮帶、鞋帶，又用剪刀剪去我衣褲上所有的金屬搭扣。這時，被銬著雙手的我驚魂未定，活像一棵呆立的木頭，傻傻地任他擺佈。看守處理完畢後，我又被推搡進第三道大門，來到一張黑漆辦公桌前，一位年老的看守瞪著眼厲聲發問：

「姓名？」

「劉文忠。」

「居住地址？」

「日暉四村12號。」

「職業？」

「工人。」

他聽我回答，一一登記入冊，接著聲色俱厲地說：「從今天開始，你的編號是1548，記牢！在裡面不准稱呼姓名，不准交流案情，不准……」宣佈了一大堆「監規」。然而我耳朵裡嗡嗡

響，頭腦繃脹得裂開似的，哪裡聽得進他說的種種「不准」。

我沒有被直接帶進牢房，而被推進了一間提審室。七八平方米的小間內，燈光賊亮，刺得我一時睜不開眼。稍稍定神，只見雪白的牆上寫著「坦白從寬，抗拒從嚴！」那斗大而漆黑的字體，顯示出巨大的威懾力。我被看守推坐到一把用粗木頭加角鐵固定在地上的黑漆椅子裡，再大力氣的人坐進去也休想從椅子上站立起來。

「1548！看清楚了嗎？牆上標語，坦白從寬，抗拒從嚴！」我前面長方形審訊席上，一位四十歲左右的矮胖審訊員首先開腔，面孔鐵板，聲調嚴厲，目光兇狠。我沉默不語。

「1548，我們是嚴格按照黨的一貫政策辦案的。你年紀輕輕，不懂事，受了你反革命哥哥劉文輝的毒害和指使，參與了反革命活動。只要你老老實實，澈底坦白交代，黨和政府會對你這樣受矇騙的青年人從寬處理的……」另一位五十多歲，身材消瘦的審訊員語氣緩和地開導我，兩道目光卻犀利直刺我心頭，似乎要看透嫌疑犯心中一切祕密。

「我，我確實弄不清為什麼要逮捕我，我沒有參加什麼反革命活動……」在他們反復威逼與誘導半小時後，我不得不含糊地為自己辯白。我的話還未說完，那四十歲矮胖審訊員氣怒地拍打案卷，吼著打斷我話頭，訓斥道：「至今還要抵賴！死硬的反革命！你說，國慶日那天，你到哪裡去了？你去幹什麼了？後來你又到哪裡去串聯了？你與你反革命哥哥罪大惡極，他犯了現行反革命死罪，你也不想活了嗎？……」一連串吼罵，像連珠炮那樣當頭壓下來，容不得我半句申辯。

審訊又處在僵硬死氣狀態。坐在審訊席邊上的記錄員不時地看手錶，約莫已是子夜時分。這時，那位年長的審訊員清了清喉嚨，依然聲調緩慢地對我說：「黨和政府的政策是區別對待。只要你坦白交代，同反革命哥哥澈底劃清界限，我們會給你重新做人的機會的。當然，如果頑抗到底，拒不坦白交代，等待你們的

將是死路一條。你和你反革命哥哥一起作的案，鐵證如山，我們都已掌握了，現在是給你坦白的機會。因為你年輕，又是無前科的從案犯，所以才給你機會，否則就不必要如此半夜三更審問你，你千萬不要錯過啊！」

當夜審訊結束，我跌跌撞撞地被帶到底樓的一間牢房，約莫是十二、三平方米的空房，靠走廊有一扇窗戶，裝了鋼絲網，中層鐵柵欄，外邊是由看守控制的玻璃窗。對面外牆有扇同樣的窗戶。牢房內水泥地，靠牆有一張二尺高的木床，牆角邊安置了用水泥砌成的半米高的便桶。房頂高約三米左右，在緊接房頂的二間牢房之間的牆中央，有一個用玻璃加鋼絲網密封的窟窿，內裝一盞徹夜不熄的電燈。我托著疲憊不堪的身子，撲倒在床上，搭上眼皮昏昏欲睡，但賊亮的燈光很快刺得我無法安眠。一遍遍回想員警衝進我家門、逮捕我與三哥的驚恐場面。

日夜被審訓

剛剛吞下了一碗粗糙難嚥的牢獄午飯，我又被押進了審訊室。審訊員還是昨夜審訊我的兩位。一胖一瘦，一壯一老。

「1548！困了一夜想清楚了沒有？你自己幹的反革命勾當，老老實實地坦白交代！」矮胖的中年審訊員敲敲桌上的案卷聲色俱厲地開了頭。

「1548！」那位年長而消瘦的老審訊員一字一句地開腔道，「昨夜開頭就說，你同你反革命哥哥是有區別的。你只要實事求是地把自己幹的犯罪行為講清楚，我們根據黨的政策會給你從寬處理。犯罪的事實客觀存在，你想回避抵賴都無濟於事。現在是政府給你認罪、服罪的機會。千萬別錯過重新做人的良機啊！」

「我實在沒有犯罪」，不知是被老審訊員緩和的態度所打動，還是因他反復說給我機會所誘惑，我脫口而出：「我是一個普通的青年工人，自小因小兒麻痹症癱了左腳，平常行走都不方

便。只知道在工廠裡埋頭工作，還幫廠裡抄寫抄寫黑板報……」

「1548，別打岔了！」矮胖的審訊員狠狠地敲打著案卷，兇神惡煞地打斷我的申辯，「你是殘廢人，這點誰都知道。但是你的行動卻麻利詭祕得狠！我再問你，十月一日國慶日你到哪裡去了？你說！」

「我昨天夜裡進來後就對你們說清楚了，國慶日我在廠裡值班。你們不相信可以去廠裡調查。」

「你在廠裡值班嗎？若要人不知，除非己莫為。調查？老實告訴你，我們早已調查清楚了，現在看你自己交代不交代！」短胖子得意洋洋地脅迫我，「死路、活路，你自己挑著走！」

面對他的兇狠威逼，我還有什麼可說的呢？我唯有的一種「權利」就是「沉默」。就這樣，任憑他們輪流反復審問，我耷拉著眼皮靜坐在沉重的審訊椅上，甚至迷迷糊糊想打瞌睡了。約莫傍晚近五時，我被押送回牢房。

經過一天一夜的折騰，我委實疲憊不堪。胡亂吃過晚飯後就躺倒床上，筋骨酸麻得無力動彈。不料牢門又被打開，看守大喊：「1548，提審！」我又被押到審訊室。雙方兩次較量過了，矮胖審訊員開門見山地嚴厲發問：

「十月一日國慶日，你究竟到哪裡去了？假的就是假的，偽裝應該剝去。你頑固對抗，是要我們來給你剝狐狸皮嗎?!」

「我說過多遍了，在廠裡值班。」我回答有氣無力，但仍然堅持這道「防線」。

「你年紀輕，不瞭解我們的辦案能力。」年長的審訊員拿過壓在矮胖子手下的案卷，打開來指著幾份材料，鄭重地說：「我們不會冤枉一個好人，也絕不放過一個壞人。你國慶日的行蹤，我們已經調查得一清二楚，你千萬不要自絕人民。」

我確實年紀輕，從未經歷過這樣的場面。記得自杭州返家後，輝哥曾多次與我商量好，一旦別人問起，只說國慶日在廠裡值班，並且對老父親也說好。於是我抬起了頭，面對年長審訊員

說：「你們不信，可去問我父親，我真的……」

「嘿！你父親！」矮胖子猛地打斷我的話，「你父親是老反革命！一家人都是反革命。」年長審訊員馬上輕輕碰碰他的手，矮胖子毫無收斂地繼續罵道：「歷史反革命能證明現行反革命的行動？還不是相互勾結、相互包庇！」

「1548，我不得不提醒你幾句──」年長審訊員拿起案卷中的一份報告，「你廠裡已經清楚證明『劉文忠十月一日沒有來值班，是第二日上午來廠裡值班的。』還有，你鄰居也證明，國慶日一早看你背著一個鼓鼓的包出門，晚上又見你背著空包回家的。你能否定這些鐵的事實嗎？」他頭頭是道的說完，嚴峻的眼光直視著我，像兩道鋼針直刺我心。當我聽到去杭州一事，已大吃一驚，再聽到我在北京串聯的行蹤他們都瞭解，更嚇出一身冷汗，知道自己難抵賴了。

「聽到了沒有？1548！反革命耳朵聾了嗎？」矮胖子也指著那幾份證明材料，聲嘶竭力地訓斥我。「你一舉一動，你反革命哥哥的一舉一動，都在政府和人民嚴密監視之中。人民早已布下了天羅地網，絕不允許反革命分子亂說亂動……」他滔滔不絕、慷慨激昂地講了一大遍無產階級專政的大道理。

我早已被鄰居的監視證據震懾住了，呆呆地一動不動，腦海中轟然驚響：原來我家周圍佈滿了「特務」！至於矮胖子下面講了哪些大道理，我一句也沒有聽進去。

審訊室裡的沉默持續了很久，年長審訊員語重心長地說：「1548，同自己的反革命行動決裂是痛苦的，但是你要痛下決心啊！給你的時間不多了。」

「我，我那天出去玩了……」還沒有等我申辯完，矮胖子拍著桌子訓斥道：「玩？還在抵賴！你同反革命哥哥進行有計劃有預謀的反革命的陰謀活動，至今還要死硬頑抗。反動派不打不倒，無產階級專政鐵拳一定要打得你們稀巴爛……！」

面對他的咆哮叫喊，我只能緘口不言，這樣又拖到深夜，當

他們草草收場，把我押回牢房時，我拖著寸步難移的瘸腳，見牆上掛鐘已是子夜三點了！

栽贓加誣陷

我自小到大，從未因清晨睡懶覺被打醒，不料在踏進牢房第三天早上，大約七點左右，睡夢中被一陣猛打驚醒，我睜開雙眼，眼見看守兇神惡煞地舉手還要打我，急忙一個骨碌從床上爬起來。

「小赤佬！裝死鬼！反革命！你當作自己家裡，可以困懶覺？像隻豬玀吃吃困困？……」看守員邊罵邊退出去鎖上牢房門。

天哪！昨夜審押返房已是凌晨三點多，由於進牢第一夜未合眼，昨夜眼皮搭牢，睡死了，也只睡了三個多小時而已，怎說我是睡懶覺呢？既是反革命，也無理由可申辯。我趕忙接水擦把臉，胡亂地喝了一碗薄稀飯。正要揉揉剛才被打得傷痛的腰部、臀部，坐下來回憶一下昨夜審訊員所說的，想一想為何國慶日出門的細節被鄰居偷看到……突然，牢門外有人大喊：「1548，提審！」

從此，那幾位審訊員便像催命鬼似的緊緊盯牢我不放。整一個星期從上午八點半開始，除了午飯、晚飯時稍歇片刻外，一直到深夜十二點後，他們輪翻審訊，不給我一點喘息的機會。在他們如此「強大的攻勢」和他們列舉的一系列人證物證面前，我輕易設置的「堤防」節節崩潰，只得老實承認了國慶日到杭州投寄了十四封「反革命匿名信」，我承認了曾將自行車深夜借給輝哥，讓他去交大、復旦、同濟、華師大、外語學院等大學裡看大字報，我承認了文革開始以來把外面發生的動亂、散發的傳單、某某人被抄家批鬥等情況收集起來告訴了輝哥……。我從踏進這裡（後來才得知是上海市監獄第一看守所）七天六夜，接連十幾

場密集審訊的折騰，脅迫、誘騙，遭過看守兩次打罵，實在被搞得昏頭昏腦，精神高度緊張，情緒沮喪崩潰，渾身傷痛累累。

我畢竟是涉世不深的青年工人。輝哥雖長我十歲，但多年來被內控迫害，近年又完全是被監督專政的人。不知社會深淺的我們倆兄弟，怎料到早已身處「天羅地網」之中！從審訊員列舉的所謂旁證，我才恍然大悟，自從輝哥今年從嵊泗廠被押送返滬，他與我、以及父親三人一起居住在工人新村12號二樓的16室，同樓的左右隔壁鄰居都是我大姐同廠職工，其中多數人受派出所和里委會委派，負責監視輝哥的一舉一動。我父親早已被打成「歷史反革命」，自然也在被監視之內。我雖說在廠裡是個辦公室小幹部，但與父兄同住一起，早晚進出情況也都在鄰居的密切注意之中。我在國慶日早出夜歸的異常情況，早已被彙報到派出所。前幾個月，每天夜裡十點鐘，我把自行車推到附近的市民新村裡，然後輝哥悄悄地溜出家門，到市民新村騎自行車去各大學觀看大字報。當時我與輝哥自以為做得神不知鬼不覺，誰知都被負責監視的人看得一清二楚，向里委和派出所檢舉告發。我上個月到外地串聯，人剛走，單位造反派大字報就貼到徐匯區委大院，說廠裡領導包庇反革命子弟冒充紅衛兵，到北京去搞反革命串聯。徐匯區公安局接報後馬上彙報上海市公安局，市局立刻通知北京公安局，密切監視我的行蹤。所以我在北京停留的幾天的情況，公安局都查得得一清二楚。我當時還以為自由自在，其實身邊早已有密探在跟蹤監視。還有，輝哥熬通宵所寫的《駁文化大革命十六條》萬言書，抄寫成十四份，叫我到杭州郵寄給十四所高等院校，當時想匿名易地投寄，萬無一失，毫無蛛絲馬跡，不會被公安局抓牢。殊不知我們年輕無知，在27日夜裡被捕時，便衣員警把我們居住的16室內徹底搜查翻遍，被他們找到了抄寫匿名信多餘下來的信紙信封。所謂「人證物證俱在」，我再強辯硬抗也無濟於事。更嚴重的是公安局重新從學校紅衛兵幾次抄家物資倉庫裡，在沒收三哥大批書籍報刊中尋查出二本輝哥曾寫的批

駁毛澤東的致命小冊子,《冒牌的階級鬥爭與實踐破產論》和《通觀五七年以來的各項運動》。

輝哥自從被打成右派分子後,向古今中外書海報刊尋求真理。66年春末被押回上海老家監督管制後,心中的理想之火不滅。他自文革開始密切關注時局發展,經常半夜偷偷摸摸去街上和大學裡觀看大字報,他發覺國家、中華民族、以及人民與廣大知識分子的大災難臨頭了。所以他不顧自己已帶罪失去自由之身,握起如椽之筆,寫下了澈底批評毛澤東親自製造的禍國殃民的「反十六條」。他早已立志「我以我血薦軒轅」,準備「我自橫刀向天笑」,願為中華民族的苦難危局奉獻青春與生命。他只想以死諫阻斷逆流,從未設想計謀保全自身。11月27日清晨我串聯回家,告訴他同學沈興定所說的有人已去學校調查一事,輝哥已覺東窗事發,他叫我快些上樓休息,幫我洗掉了衣衫。這天傍晚,在蘇州當廠長的二哥文兵,因帶工人去青島實習路過上海,順路回家看望父母親。正在上海休產假的三姐文珠與二哥一起去附近派出所,請求給輝哥在里弄臨時找點工作做做,以解緩他的彷徨苦悶。但見派出所民警群集,緊急開會。他們趕忙回家告訴父母與輝哥。輝哥抱著三姐剛出生45天的女兒彤蕾,在底樓的母親房裡,一聲不吭地坐了二個多小時。輝哥思想鬥爭激烈,卻不知派出所開會目的,他知道自己所處環境險惡和可能出現凶兆,所以緊緊地抱著繈褓中的外甥女,親了又親,久久不能放手。

輝哥敢作敢為,明知殺頭事,竟然也拼死幹。他沒有策劃任何退路,絲毫未作潛逃打算。更沒有教我如何躲避,所以在審訊員的所謂大量罪證下,我自認被打垮了。兩位審訊員連續作戰,終獲「勝利」,對我投寄反革命匿名信一案,已「鐵證如山」,我確實也「供認不諱」了。我想這下子他們總可以放過我了吧。誰知在第七天深夜審訊中,矮胖子審訊員露出得意的奸笑說:老實告訴你,劉文輝案子是北京抓的重案,我們監視他很久了,你們的一舉一動都在無產階級專政的眼皮底下,想狡辯抵賴是沒用

的，你要學劉文輝，只有死路一條。

　　他還裝出從未有過的和緩態度，假惺惺地說：「1548，你畢竟知罪服罪了，我們歡迎。但是，你要坦白澈底，才能得到政府寬大處理。」

　　「我知道的，所幹的，全都交代了，還有什麼不澈底？」我被他說得又迷濛糊塗，心煩意亂了。

　　「不！你還沒有澈底！看你態度有轉變，我點你二點：一、這個反革命案件，絕不止你與劉文輝兄弟兩人，必然是個團夥作案，你要老實交代其他人是誰？劉文輝的朋友、同學？其他兄弟？二、你外出串聯，到北京陰謀活動後就乘車南下，直至四川成都，肯定是去找你四川和雲南的哥哥，你們想策劃去廣州與雲南邊境，探測偷渡出境的路線。我們在你家裡已查到劉文輝精心收藏的邊境地圖，根據嵊泗叛國偷渡一案，你三哥時刻不忘出逃，你必須老實交代劉文輝如何指使你去串聯其他二位哥哥一起叛逃的？」

　　輝哥向來深於思考，探索自由，又敢做敢當，匿名信這件事，我知道純粹是我們兩人所為，現在我坦白了，他們卻得寸進尺，惡毒地設計捏造，加害我們一家，把其餘幾個哥哥以莫須有的罪名陷害，，我疲憊萬分的殘軀頓時怒火中燒，用足力氣大聲呼喊：「沒有！絕對沒有！其他兄弟姐妹誰都不知道這件事！也不存在合夥叛逃之事！」為了怕株連四哥，我甚至極力否認到過四川四哥處。

　　矮胖子審訊員大拍桌子罵道：「死頑固！反革命！花崗腦袋！你們兄弟串聯不是很密切嗎！那天你蘇州的哥哥還來家裡祕密活動，你當我們不知道嗎？說！不說──死路等著你！」我回答，我二哥是共產黨員，是個革命幹部，他根本不知道我們幹的事，他跟我三哥是死對頭。

　　任憑審訊員暴跳八丈高，我氣憤地怒目相向，一句話也不說。

　　我在母親的諄諄教導下，自小不會說謊，更不會圓謊。所以

當國慶日行蹤被審訊員突破後，和盤托出了文革初起為輝哥打聽時局發展的活動事實。但是當他們硬逼我交代所謂兄弟「團夥叛逃」等莫須有罪行，我誓死否認。我知道他們在設圈套，加害其他幾位兄長，我斬釘截鐵地把他們惡意打開的魔鬼大門死死頂住。他們自知在我身上已找不到所要的「材料」，經過一星期的密集審訊後，就不再糾纏我，也不喊「提審1548」了。

但令我驚訝的是，幾年後當我看到輝哥的判決書時，才知道他們為了羅列更多罪名致輝哥於死地，還是無中生有加上了所謂「唆使劉文忠串聯其他兩位兄弟在邊境組織偷渡叛逃」一事。我想：輝哥在拿到這張死刑判決書，看到這條無中生有的罪狀，一定會聯想到其他兩位兄弟將遭陷害，誤會並怨恨我年幼無知去承認「莫須有」的偷渡罪的吧。

單身關監禁

進牢房一星期後，沒有了「提審」的麻煩，高度緊張的精神鬆懈了，在牢房中吃著粗飯薄粥，閉目養神，在無聊打發日子。起先只是想知道輝哥現今怎麼樣，被他們刑訊逼供到什麼地步。輝哥「不自由毋寧死」的精神肯定同他們針鋒相對，頑強抗爭，吃的苦頭必然比我多得多。

一天聽到看守在二樓一間間通知「放風、放風」，我不由得一陣激動，說不定輝哥也在裡面。我的牢房是底樓102室，是二三樓下來去大院子必經的最後第二間，我從房門上送飯的小門夾縫中可以隱隱約約看得見經過的人影。

「我悄悄把臉貼在小門框夾縫裡張望，細心地數著，發覺二樓有20間牢房，三樓也差不多。驚奇的是有的牢房出來的犯人有十四個，一般牢房八九個，樓上單身關的房間竟不多。「我為什麼一個人關著？」心裡禁不住自問。沒有看見輝哥的身影，自己又未輪到「放風」，惟有死一般的沉寂籠罩心頭。

　　在牢房中，早晨七點起床到夜裡九點上床，每天是長達十四個小時的孤獨、恐懼、像獨自一人躺在暗無天日的墓窟裡一般時時胡思亂想。起初密集提審，精神高度緊張，牢房僅是個睡覺的地方。現今多日不提審，似乎希望寧願被喊去審問，也可以接觸一點活人，從他們的叫罵訓斥中，辨析得知外面世界的一些動靜。可是他們似乎有意要把我冰凍起來，再也不來審訊、騷擾我。記得有位哲人說過：「失去了自由才知自由之可貴。」

　　我開始失眠了，有時通宵難以合眼，醒著的時光，眼瞪著房頂那只40支光賊亮的電燈，更是痛苦難熬啊！這樣下去，我不是也會被孤悶、冰凍、迷迷茫茫中被逼得發瘋嗎？我為什麼孤獨一人關押不可與其他犯人同監呢?!

　　接連幾夜通宵失眠，身體頓覺消瘦下來，開始步履沉重。24天過去了，我深知了單身監禁的可怕，原來這是一種比兇狠審訊更嚴重的刑罰，感受死人般躺在灰暗棺材、埋進墳場裡的可怕處境，夜半又習慣要聽毛骨悚然的狼吟鬼泣，我一天天消瘦下去的殘軀還能堅持多久？我想起輝哥教我閱讀過的一本書《歷史將宣判我無罪》，是古巴領導人卡斯楚記述他在獨裁者統治的監獄裡被單身關了十七天的遭遇，他說：「這是世界上其他國家絕無的，是違反人道的，為之要向聯合國起訴。」我想，我這個剛交二十歲的年輕工人已被單身關了二十四天，去向誰申訴？我又想起英國狄更斯《雙城記》中那位可憐的醫生，被關在巴士底獄中二十七年，出獄時連自己的名字也忘記了。看來這麼死關下去必然會被關死無疑，還得要自己抗爭，跳出單身監禁的牢房。既然門外「放風」時看到有那麼多牢房都是眾人合居，我為什麼不能關到他們那裡去？當然，向審訊員或看守要求，是與虎謀皮，絕無可能，自殺也無工具，何況自己還想活下去，唯一辦法只有自己折磨自己，病倒下來，共產黨也得講人道主義，總得讓我離開單人牢房吧！

　　我夜半被捕，投入監牢時，隨身只穿秋衣薄褲。一星期後，

家中才被允許送來棉衣棉褲。我決心折磨自己，就把穿上的棉衣褲全都脫掉，單衣薄片情願受凍，夜裡睡覺也不蓋被子。十二月份的上海寒氣逼人，水泥牢房更似冰凍窟窿，我希望凍出病來。監飯本來粗糙難嚥，廚房師傅大概站穩革命立場，折磨犯人，有時菜裡故意不放鹽或故意不把菜洗乾淨，泥沙滲在飯菜裡，根本難以咀嚼吞嚥，我就乾脆不吃不喝，接連幾天把飯與開水偷偷倒在便桶裡沖掉。我絕食抗爭，徹夜不眠，開始冷得牙齒顫抖，渾身虛寒，很快發起了高燒，嘴唇燒得佈滿水泡，終於在第二十九天澈底病倒了。監獄醫生進牢房給我量體溫打針吃藥，我在迷迷糊糊中把留下的藥倒在便桶裡，繼續折磨自己。又過了兩天，我已昏迷不醒，隱約感覺被人抬出了牢房。

當我清醒過來時，已發覺躺在一間不大的陌生病房裡，蓋的是紅十字被，鼻腔插著葡萄糖輸液管，手上插著打吊水的針頭。從二十四小時不離病房的勞役犯嘴裡得知，我已在提籃橋市監獄醫院躺了三天了。醫生診斷是急性肺炎，又診斷我的腸胃很長時間未進食，是屬想不開慢性自殺。第五天我病情好轉，停止輸液，開始進食。第一看守所醫生帶我回所，乘坐的是一輛密封的救護車，同車的還有一位中年人，聽說是吞牙刷自殺未遂，去洗胃的。在回所的路上，我裝著可憐向醫生要求調房，說我患過小兒麻痺症，左腳拐瘸，關節有病，現住的底樓朝北水泥地太陰濕，實在舊病痠痛復發受不了。醫生只說「絕食不吃飯對你沒有好處，你剛出院，回所後可能需要人照看」，就默然無語了。我心想他沒有說「不行」，還存有一絲希望。回到102牢房，半小時後只聽看守「啪」一聲打開門上小洞說：「整理好東西調房。」我心裡一喜：醫生畢竟是人道的。

我提著簡單行李，拖著瘸腿而虛弱的病體，跟著看守走上二樓，來到朝南的204牢房。我剛踏進門，嚇了一跳，差一點叫出來。滿滿一屋子犯人，整齊地靠牆坐著，一數竟有十一個！老天可憐人，我得解救了，終算告別了單身監禁的日子。

圖窮匕首現

1967年二、三月間，好久沒有被提審的我，突然被提審了好幾次，除了熟悉的審訊員外，還有幾個講普通話的陌生人。本來我與同牢房人和睦相處，雖然關押在暗無天日的牢獄中，我已精神樂觀，經常嘻嘻哈哈，牢房裡笑聲最多的是我。可是這幾次提審回來，我卻憂愁鬱悶，心神不安。每審訊一次，我總要一兩天精神恍惚，驚惶失措，似乎恐怖死神與我的腦海形影不離。

我深夜冷靜地回憶審訊場面，應該說比剛進牢時那一星期的密集嚴審的氣氛要緩和得多。原先那兇神惡煞般的矮胖審訊員，也沒有表現過一次暴跳如雷。而那位年長消瘦的老審訊員，我早已從同監房的一位畢業於政法大學的難友處瞭解到，他是頗有資深閱歷的審訊處頭頭，應該是我案件的主審員，向來態度嚴峻而神色溫和，在這幾次審訊中更顯得和顏悅色，不斷開導我，要珍惜自己，劃清界限，重新做人。就他們提審的問題來分析，對我國慶日杭州投遞匿名信一事簡略帶過，似乎早作定論，不再重複了。而著重詳細地審問我一些奇怪問題：如劉文輝有沒有女朋友？他鼻炎發病時是否嚴重到呼吸困難？你為什麼對劉文輝言聽計從，想報恩嗎？你為什麼會受劉文輝利用等問題。我猛然想到，輝哥是在把所有罪責包攬在自己身上，他希望我活著出去、希望我少判幾年。這將會發生什麼呢？我越想越感到六神無主，久久不能入眠。

鄰鋪11座見我翻來覆去睡不著，悄悄問我何事。我回答他提審驟然加多，內容又不全是自己的，而是哥哥文輝之事。他畢竟是政法大學的畢業生，熟悉一般的審訊規程。他告訴我，看來對你的案子快結案了，而對你哥哥的案件也要快速結案。你哥哥是主犯，且前科已是右派、反革命，加上這次「現反」，又是直接攻擊毛和毛領導的文化大革命，估計再也不會寬恕他了。聽他這

一說，我似乎活活看見，暴政匕首直插輝哥的心胸，驚嚇得渾身顫抖不止。他見我如此，反而安慰我說，你自己是從犯，估計判七年八年、十年以內徒刑，不要過分緊張，還得活下去。

　　我定了定神，把自己作案的經過告訴大學生，向他討教出事的原因。他做過陪審員，是內行，對我說，上海地區破匿名信的效率很高，人員也精幹。他們查匿名信首先從信紙信封與郵戳入手。因為計劃經濟下文教用品只有幾家國營單位印刷經營，上面都有編碼記錄，完全可以查出信紙信封是哪個市、哪個省生產出來，又是通過哪級文教用品批發部發往哪個地區的哪家國營商店的。這樣一查，範圍就大大縮小了。其次查郵戳，你雖到杭州投寄，但犯了一個錯誤，從杭州火車站開始一路投寄，公安馬上可以推斷這是一個外地人坐幾次列車從哪裡到杭州來活動的，當時杭州每天的列車班次少得可憐。另外信的內容，你哥有這麼大膽量，這麼全面系統攻擊反駁文革十六條，就可斷定非等閒之輩，至少不是一個初犯，這個作案人非同尋常，不怕死，血氣方剛，肯定有類似的反動思想暴露的前科，這樣偵破的範圍就越加縮小了，目標鎖定在少數頂尖的思想嫌疑犯身上。如果已從信紙信封郵戳推斷出是上海人所為，那麼接著要找你哥哥這樣幾次同政府思想對抗的人就容易了。因為你哥哥66年被押回上海管制，他的檔案全在市公安局手裡。像你哥哥這樣三十歲的「現反」，肯定是地區派出所、公安民警、里弄幹部的重點內控對象。最致命的是你借了別人紅衛兵袖章外出串聯一事，加速了東窗事發，案子敗露。既然是投寄到全國各高校，中央公安部督令北京上海及全國各省市公安局合力圍剿，你與哥哥怎能逃出這一致命打擊呢？……經大學生如此詳細分析，我才恍然大悟。輝哥唯是拼死抗擊毛的倒行逆施，全然不知所作所為跳不出當局的巨掌，輝哥常說「不自由毋寧死」，難道真的不幸而言中?!

　　3月3日，看守叫「1548提審！」我沒有被帶進通常的審訊室，而是來到牢房樓外的一間會議室。在走廊門口接我的審訊書

記員告訴我：「北京來人了，來決定你哥和你的命運，態度放老實些。」我心頭一陣震顫，原本殘疾的左腳走路更無力了。當我走進這間會議室，一眼看到有幾隻喝茶的瓷杯被摔碎滿地，一隻椅子被折斷了腳，發覺好像這裡剛剛發生過一場爭鬥。一見我進門，幾位怒氣沖沖的北京口音的人就破口大罵：「你哥死不悔改，準備帶著花崗岩腦袋去見上帝！」「你這個現行反革命，要同死硬的你哥一起走死路嗎？」……一陣當頭棒喝使我目瞪口呆，心裡頓時冷卻如冰，喉嚨好似被一團苦澀塞住，什麼話都說不出來。還是老主審員指著一張椅子緩聲慢調地叫我：「先坐下來說吧！」他們再一次審核了我國慶日去杭州投寄十四封匿名信的事，又審問我與輝哥同住在16室半年多的情況，特別要我交代有哪些親朋好友與輝哥有過來往，其他兄弟是否參與或知情這反革命活動？我有氣無力地回答說：「該說的全都向政府坦白交代了，再也沒有隱瞞的情況，至於所謂團夥、其他兄弟，全是你們猜疑，就是槍斃我也沒有的事……。」我越說語調越高起來，根本聽不進北京人暴跳如雷的斥罵，說完後，我只是緘口不言，沉默喘氣。

我回到牢房後，把提審情況如實告訴了11座，特別是在會議室北京人來審訊的怪事，還有看到的可能發生過打鬥的現場。大學生沉思了片刻，對我分析道：「你哥與你的案子快結束了。」他從「北京來人」推斷，此案已作為國家公安部抓的重判重刑的典型。估計在我進去前，剛審訊過三哥文輝。輝哥不甘屈服、秉性剛烈、寧死不認罪的態度，遭到北京來人粗暴的打罵，由此引起輝哥的決死反抗，造成現場杯碎椅折的狀況。大學生最後不無同情地鼓勵我：你要堅強再堅強，要準備經受人世最大的痛苦（失去親人）。他特地贈送我一句英國思想家培根的格言：「厄運能鍛鍊人的堅韌」。

這天夜裡，我又通宵失眠了。一搭上雙眼，輝哥聲音容貌就出現在眼前。那是一次我帶回一張北京紅衛兵小報，報導著名老

作家老舍投太平湖自殺的消息，輝哥看完後激動地說：「老舍是含冤不屈，為了保護自己靈魂的純潔，所以投入太平湖的。否則他不要靈魂，也可以像55年反胡風、57年反右時那樣，一味地妥協下去。如果他能在天安門廣場自焚，他的靈魂昇華更光輝。他是中國知識分子以一死喚醒知識界反抗的典型。」輝哥又說到講真話而不惜以生命抗爭的胡風，稱他為反對「絕對命令」，抗拒認同，「寧為玉碎，不為瓦全」的英勇殉道者。輝哥一再表示要以先烈為榜樣，置生死於度外，誓同毛的專橫逆施抗爭到底！……想到這裡，我禁不住眼淚滴滴流淌，用衣服裹成的枕頭上濕了一大片。

　　第二天，所長找我去問話。我進所長室，看見是位五十多歲頭髮花白的老公安。他態度緩和地問了我輝哥的前科問題，58年在反右鬥爭「補課」中戴上右派帽子和64年因策劃偷渡而被戴反革命帽子，66年押回上海管制等事情。他又談到這次投寄反革命匿名信一案，說輝哥「立場反動，死不悔改，一而再再而三地與無產階級專政為敵，是反革命死硬派。」並說：「你們兄弟倆不要自作聰明，你們的案子北京非常重視」，叫我「不要學劉文輝的樣，而要老老實實改造，爭取寬大處理。」所長又奇怪的重複問我輝哥是否有女朋友？他是否有嚴重鼻炎，每天要滴藥水，否則呼吸困難……？最後所長又顯出關心我的樣子，說：「你是受劉文輝利用，才十九歲，又是殘疾人，在一所從來沒有關過像你這樣年輕的，要珍惜自己前途。」

　　回到牢房，老犯人知道是所長找我，個個驚訝不已，說老所長是這裡最有修養學問的，早年畢業於北大。犯人至多是訓導員叫去訓話，所長親自叫去的很少，何況像我這樣的新犯人，更不是老所長管的，看來案子特別嚴重。熟悉法律的大學生難友雙目凝視我，久久不說話。我更預感到暴政當局是「圖窮匕首現」，輝哥有遇難的凶兆，恐怖、憤懣之情，劇烈地在我心頭震顫。

批鬥聞噩耗

67年8月，我被調到知己難友胡戀鋒所在302房。牢獄中人身失去自由，物質匱乏至極，信念就是支撐我們生命的力量。在追求精神自由的感召下，我們幾個志同道合的青年囚犯，在3座胡兄的提議下，悄悄地組織起一個祕密讀書會「孫文讀書會」。其實我們身囚囹圄，身邊沒有一本書，而是把各人看過的好書好作品互相口頭交流，評價，爭辯，探索。由於監獄內部人員自己忙著「造反」，很長時間少管我們，大家潛心展開讀書會活動。

歲月匆匆，已到了1969年1月底。「1548，提審！」一天牢房門外突然響起看守的叫喊。我頓時吃了一驚，心想自己已被結案近二年，長時期沒有叫去審訊，怎麼今天？疑惑難解的我，被看守帶進了審訊室。現今造反了的審訊室大變樣，不像當年我剛進來時只貼一條「坦白從寬，抗拒從嚴」的白底黑字標語，而是滿室牆上紅紅綠綠，貼滿了「敵人不投降就叫它滅亡！」「砸爛反革命分子的狗頭！」「頑抗到底，死路一條！」……還有一幅大標語我看不明白，上面寫著「落實北京『六廠二校』鬥爭經驗，加強無產階級專政！」現在主持審訊的人員也變了，原先審我的一老一壯、一瘦一胖不知哪裡去了，換了兩個生龍活虎、臂帶「公革會」造反紅袖章的年輕人。

他們兩位待我的態度倒還可以，其中一位開腔道：「1548，看到這橫幅標語了嗎？」他指指牆上的「六廠二校」說：「偉大領袖毛主席最高指示，江青同志親自領導的中央文革充分肯定的北京『六廠二校』階級鬥爭經驗，是無產階級專政下繼續革命的一大創舉，是無產階級文化大革命發展進入了新高潮。無產階級專政是全國對一小撮地富反壞右與黨內走資派的全面群眾專政，把你們放到廣大革命群眾中去，放到工廠、學校、農村，社會上的每個角落，作為革命大批判的活靶子，既加強對你們的專政，

又教育廣大群眾。我們經過慎重研究考慮，看你年輕初犯被哥哥利用，長期來在監獄改造已有認罪、悔改表現，所以把你帶到社會上去幫助你繼續狠觸罪惡靈魂，幫助你重新做人。1548，這是你服罪自新、脫胎換骨的大好良機，你要趁這機會，接受革命群眾的嚴肅批鬥，洗刷自己的罪惡靈魂⋯⋯」

喔！原來如此。我原先驚疑的心情暫時平穩下來，心想：我在監獄抗拒改造幸虧尚沒有被檢舉發覺出來，否則肯定不會放我出去。照他們說法，我也已當上了批鬥活靶子，升級到「反動權威」那檔子。拉到社會上去看看外面的現狀，也不失為開眼界見世面，比悶關在牢房中或許好一點。回牢房後我告訴了胡兄，他緊皺眉頭思索片刻，對我說：「你哥哥肯定把罪責全部承擔了，估計要把你放回到社會上去接受監督管制了。至於『批鬥大會』，你可要有充分心理準備，你看到老陸每次批鬥回牢的悲慘樣子。⋯⋯」從他欲言又止的臉色上看出他對我的關心與不安。

沒過幾天，二月上旬，我接連二次被押出一所，去接受革命群眾的批鬥，親身體驗了類似活剝皮肉的「觸靈魂」滋味。

第一次押出去那天，春寒料峭冷得很，我身穿棉衣褲，雙手戴著手銬，一路上押我的審訊員反復叮囑：「到那裡老實點，不老實要吃苦頭。」我還未想清「苦頭」的含義，但從過去老陸的遭遇知道凶多吉少。我被押到徐匯區工交系統一座大禮堂門口。開始我搞不懂，我小小的一個殘疾人拉到這裡來幹什麼，後來知道，我單位屬手工業局系統，今天是徐匯區工交系統革命造反群眾集大禮堂，開展大批判大鬥爭的現場階級教育活動。我還沒被推下車，已被高音喇叭震天撼地的口號聲驚醒：「無產階級專政萬歲！」「打倒劉少奇！」「打倒現行反革命分子劉文忠！」我被衝上來的二個造反派押著，兜頭往頸上掛了一塊厚重的牌子，上面寫著「打倒反革命分子劉文忠」，『劉文忠』三字還給紅筆打上了叉叉。我被他們兩個挾持著左右胳臂，連拉帶拖，跌跌撞撞地推上大會批鬥台。同我一排站著八九個「牛鬼蛇神」，我被

造反派按著頭、彎腰90度，根本看不清同受批鬥的是些什麼人。我位於正中，顯然是「主角」。我還在猜想，我單位很小，全廠不到二百人，今天怎麼來了上千名氣勢洶洶的「革命群眾」？這時一個個造反派上台來揭發、控訴、批鬥。我從亂哄哄會場聽清楚我單位的一些造反派的發言，主要是批判區工交政治部派到我廠的工作組執行反動路線，我旁邊陪鬥的是廠領導和原工作組領導，造反派揭發他們曾稱讚我是「好小囡」，包庇縱容我搞反革命活動，犯了嚴重的反動路線錯誤。上台揭發批判的造反派們聲嘶力竭，獸性發作，對台上的「牛鬼蛇神」拳打腳踢，表示自己的革命行動。

「反革命分子劉文忠，你老實交代惡毒攻擊偉大領袖毛主席的滔天罪行！老實交代你瘋狂攻擊文化大革命的罪惡勾當！老實交代你怎樣得到工作組的包庇縱容！」大會主持人在高音喇叭中發出了喝令聲。「我……」我低彎著腰，臉朝台下，剛開口說話，不料二、三個造反派衝上台來就毒打我，其中一個狠命地連抽我幾記耳光。我痛徹心肺，不由側臉望一望，原來是本廠一位向來被人們稱之「卑鄙小人」的傢伙，現今戴著造反派紅袖章，耀武揚威，不可一世。

「反革命分子劉文忠死不交代，頑固不化，打倒反革命！打倒劉文忠！」主持人又在高音喇叭中吼叫。這時又有一批人衝來台來，揪住我，把我本已反銬的雙手拼命向上提，我劇痛得冷汗直冒。幾個造反派像發瘋似的用腳對我一陣亂踢。我實在站立不住了，被他踢得順勢跪倒在台上。

「我來揭發！」已跪倒的我從這熟悉的口音中，聽出是那個曾幾次偷竊工廠工具、暗地幹私活，給我撞見後，出了黑板報批評的人，只聽見他氣勢蠻橫、頭頭是地道揭發道：「反革命分子劉文忠，出身於反革命家庭，他哥劉文輝更是罪大惡極、死有餘辜的現行反革命。他們一家是反革命團夥，妄想罪惡變天，叛國投敵，勾結台灣、香港的國民黨敵特分子，策劃反革命陰謀

活動，矛頭直指我們心中最紅最紅的紅太陽、最最敬愛的偉大領
袖、偉大舵手、偉大導師、偉大統帥毛主席，瘋狂反對與破壞無
產階級文化大革命，反革命罪該萬死……」。

他慷慨激昂的揭發未說完，全場已響起震天動地的口號：

「打倒反革命分子劉文忠！」

「砸爛劉文忠反革命狗頭！」

「堅決支持無產階級專政鎮壓罪大惡極的反革命分子劉文
輝！」

「戰無不勝的無產階級文化大革命萬歲！」

「我們心中的紅太陽毛主席萬歲、萬歲、萬萬歲！」

全場激昂亢奮、聲嘶力竭的震耳口號聲重複了一遍又一遍。
我聽見「劉文輝」三字，不由強自鎮定下來細聽，沒錯，輝哥
被殘酷鎮壓了，三哥已死了！我頓時眼淚隨著滿臉血汗與汗水
滾滾而下，我二年來一直擔心的厄運終於發生了！我顧不得渾身
傷痛，汗出如雨，浸透棉衣，癱在台上。兩邊押著我的造反派為
了不讓「主角」完全癱倒伏地，拼命抓住我的頭髮向上提，面對
台下群眾。我這時任憑他們擺佈，腦子裡一片空白，只默默念著
「三哥死了，他死了，我永遠見不到他了……」至於接下去的揭
發批判，我一概聽不見了，只覺得身邊陪鬥的那幾個曾經的領導
紛紛「撲通」「撲通」跌倒下去。

不知什麼時候我被昏昏沉沉地帶出會場，推回牢房。同監牢
友見我鼻青臉腫血淚滿臉地回來，一個個上前來關心我。我彎腰
跌倒被折磨了三個小時，殘疾的兩腿緊繃得鐵箍似的，他們拉起
我褲管一看，腿已腫成了兩根青紫的粗柱。這一晚上我飯都吃不
下，渾身虛脫至極，一言不發直流淚。幾位最好的牢友追問我發
生了什麼事，我泣不成聲地告訴他們：「我三哥……他……被槍
決了！」胡兄馬上安慰我：「不要傷心，文革這筆血淚帳一定要
清算的，歷史會討回公道。」我低頭稱「是」，緊握雙拳、滿腔
憤慨地表示：「我要為三哥報仇！」

　　我知道了輝哥的噩耗後，日日夜夜都在想著他。他昔日的音容笑貌、親切關懷、諄諄教導時刻縈繞我心頭；他對「階級鬥爭」的切膚痛恨、對毛殘害知識分子精英的憤怒痛斥、對文化大革命的決死反抗……一幕又一幕重現腦海。所以在我後來第二次押出去到某工廠批鬥凌辱時，已麻木不覺，無所記憶了。同監牢友從看守對我態度和緩上看出，我有可能馬上要出獄，大家十分珍惜最後相處的日子，有的還托我出去後代向家裡帶口訊報平安，我只是呆若木雞般地答應，心裡卻時時刻刻牽繫著輝哥的英魂。

　　長期以來，經老犯人的指點分析，我心裡一直在估計，輝哥是關在三樓北面那六間6平方米特別的死囚單身監牢中，我天天期望總有一天在提審或放風時能偶然瞥見輝哥的身影，可是我一次次失望了，原來輝哥早已出不來了，永遠出不來了……。

　　事後我才知道：早在二年前輝哥就被判處死刑，當時是1967年3月9日，繼後又把他押在市監獄死牢裡折磨了十四天。在上海「四人幫」精心策劃下，3月23日召集了全市造反派頭頭開了一場名為「堅決保衛無產階級文化大革命，嚴厲鎮壓反革命」的慶功大會，隨後當天下午，我最崇敬的三哥，就在上海著名的文化廣場示眾後即遭殺害了！而我在牢裡還渾然不知，還在為他日夜擔憂而幻想有一天能共同逃過劫難。

　　長歌當哭，魂魄歸兮，再也見不到我敬愛的三哥了……！

恐怖的回憶

　　第二次被拉到社會上批鬥後十天，1969年2月下旬的一天，我突然被叫到「1548號，整理好東西」。我把一些日用品、幾件衣服留給了3座胡兄，臨走又脫下腳上的皮鞋送給他。這雙皮鞋原是輝哥穿著進牢房的，他遇難犧牲後，作為遺物被父親領回，為了暗示三哥已走，父親又把這雙高幫軍靴送進一所給我，而

我當時並未意識到。現今我要出去了，對一向關心、同情、鼓勵我，像輝哥一樣有思想有才華的3座胡兄，確實依依不捨，所以送給他作留念。胡兄緊緊地擁抱我，祝賀我出去，並且低聲叮嚀道：「兄弟要活下去，要期望看到公道戰勝邪惡的一天！」之前胡兄已預測我回單位戴反革命帽子的可能最大，他從我們一所目前每監牢關15人的數量估計，現在全國監獄人滿為患，當局借「六廠二校」無產階級專政的經驗，正要清理出一批已結案、罪行較輕、在看守所滯留較長的未決政治犯，放到社會上去體驗與實踐無產階級群眾專政，否則新生反革命抓進來沒地方關。

而我正是由於同案的輝哥把罪責全部承擔，而減輕罪行可以放出去的這種人。憑胡兄的睿智聰穎，估計我出去後日子也很艱難，所以反復諄諄囑咐我說「活著就是勝利！」。我與胡兄在獄中患難與共，無話不談，成了思想密友，臨別時我一再感謝他對我的照顧與鼓勵，相互萬分留戀。誰能料到，這次分手，竟成了最後分別。

坐了兩年零三個多月的牢，我終於跨出上海市第一看守所大門，回到了日暉四村，原住的二樓16室早已被造反派強佔去了，我只得擠身到4室大姐家中。

我回到了家中，「反革命」也罷，「管制」也罷，總會比坐牢時自由一點了吧！可是當我內心慶幸自己逃離囚籠踏進家門時，滿頭白髮、目光呆滯的年邁雙親，臉上竟沒有絲毫笑容。老父親被里弄專政折磨得腰彎背駝更厲害了，雙眼木木地端詳了我許久，枯皺的嘴唇翕動，不知在說些什麼。一輩子很少流淚的老母親眼淚汪汪，不知是喜出望外的熱淚還是悲慘傷心淚，只低聲親切地說了句「文忠總算回來了」就掩淚轉身向里間走去。這時，附近居民老老少少，包括幾個戴紅袖章的造反隊員，一齊擁到我12號門牆口，有些甚至踏至我家門邊，亂哄哄地嘈雜指點說：「劉家小囡回來了」，「文忠出來了」，「去，去，去！看什麼西洋鏡，還不是里弄裡多了個反革命管制分子！」……老父

親顫抖著雙手，輕輕把家門掩上了。

晚飯後，我顧不得父母年老要早點休息，也顧不得自己明天一早六點鐘需按規定進廠接受監督勞動，再三地向父母與大姐詢問我與輝哥進牢後家中情況。提到輝哥，親人們掩面失聲痛哭，從父母與大姐們斷斷續續的哭訴中，我才知道了許多恐怖的往事。

時光倒流到1966年11月27日我與輝哥一起被捕的恐怖之夜。當時正在上海休產假的三姐文珠住在樓下4室，睡床上面有一扇小窗，正對二樓的樓梯，二樓16室就是我與輝哥及父親居宿的小屋。那天夜裡三姐躺著心裡慌慌的，臨睡前看到輝哥一直抱著出生才一個多月的小外甥女彤蕾呆坐了兩個多小時，三姐似有一種不祥的預兆，在床上久久難以入眠。只聽見上下樓梯的腳步聲比平時多得多。接近午夜時，起風了，12號的大門被初冬的北風刮得乒乓響，寒流一陣緊逼一陣，三姐的心也是陣陣抽緊，迷迷糊糊一夜未睡著。她在枕邊仔細聽著，外面並沒有汽車發動聲，估計不會有什麼事情發生。誰料天還未亮，凌晨五點鐘，老父親就下樓來，驚呆兮兮地說，文輝、文忠都被捉去了。三姐、大姐與母親，一下子跳起來，問什麼時候的事。父親說大約九、十點鐘，民警衝上來先抓走文忠，再押走文輝，便衣又仔細搜查，連一角紙屑都不放過，到凌晨三點多，拿了文輝寫的一大捆東西才離去。三姐問父親，他們倆兄弟究竟幹了什麼？父親說，幾個月來，文輝一直在寫東西，寫了東藏西藏，他勸說也沒有用，心裡一直擔心的事終於發生了。

三姐感到很後悔，傍晚聽說派出所開緊急會議，早有不祥的預兆，為什麼夜裡不上樓去看看，見見我倆兄弟，尤其是文輝哥，一旦有個三長兩短，就怕從此永別了！三姐慌忙查看從陝西帶回的傳單，以及兄弟外出串聯所得的資料，把它們統統塞進嬰兒尿布堆裡，怕再連累兩兄弟。上午九點光景，派出所民警小唐來我家，把父母叫到屋外站著訓話，說什麼你二個兒子都是反

革命，你們要老實配合政府揭發交代。三姐上前問：「唐同志，他們到底犯下什麼罪？」唐說：「反正是反革命罪！」那天一夜北風呼叫，第二天人們都穿上了棉衣。三姐想，忠弟的球衣球褲洗掉了，輝哥自己也是一身兩用衫，他倆兄弟怎經得住天寒地凍呢？三姐就問唐民警，什麼時候可以去送棉衣棉被？唐說，上面會通知你們的。當時三姐、大姐、父母都沒料想到輝哥會寫那麼激烈的匿名信。三姐安慰父母親，叫他們先放心。然後為輝哥與我準備過冬被褥與棉衣褲。輝哥一向清貧，衣衫單薄，三姐專門給他新做了一件棉背心，輝哥患嚴重鼻炎，三姐又買了些滴鼻炎的藥水。大約過了一星期後，派出所才通知家屬可以把棉衣服送進去。三姐一直擔心輝哥與我在監牢中將被凍成什麼樣，何況我是個殘疾人，她常與大姐、父母親一起嘮叨掛念，說著說著，全家人一起落淚歎息。

　　二年多來，父母親，姐姐們，為我倆兄弟擔驚受怕，多少個夜晚難安睡，尤其當輝哥被槍殺遇害，噩耗傳來，全家痛哭，恐怖萬分。1967年3月23日下午三時許，母親和大姐抱著未滿一周歲的三姐女兒彤蕾從醫院看病回家，看到一大群無知的鄰居，瘋狂地擁向我家12號門牆口，而且越聚越多，不僅有日暉四村居民，還有旁邊市民新村的，數百人把我家團團圍住，水泄不通。他們肆無忌憚地把我家房後邊花園籬笆推倒，樹木花草被踐踏履平，又把我家4室的門窗砸碎，一批人聲嘶力竭齊喊：「打倒反革命分子劉文輝、劉文忠、劉宗漢！」派出所民警衝在前面，高叫「快快交出槍決劉文輝的子彈費！」我父親劉宗漢早已被里弄專政隊押著，跪在家門口，頭上戴著高帽子，上寫「反革命分子劉宗漢」，「劉宗漢」三字被紅筆打了大叉叉。父親脖子上掛著一塊厚重大牌子，上寫著「鎮壓反革命分子劉文輝」，背上被用墨汁寫著「嚴懲反革命分子劉文忠」，劉家的姓名無一不打著紅叉叉。父親已被瘋狂的「革命群眾」打得頭破血流。面對家門口這場驚天動地的劫難，母親緊緊抱著驚嚇得大哭的小外孫女，堅

強地擠進人群往家裡走。這時一些造反派與不懂事的小孩子一起抓起地上的泥巴與垃圾，發瘋似地向我母親身上扔去。母親急忙用身體護住懷抱中的孩子，一個好心的鄰居阿奶，拼命擠上去抱走了小彤蕾。大姐驚恐得跺雙腳大哭，又要保護著自己的兒女不受瘋人們欺侮。大姐的十多歲兒子，我最大的外甥想上前去保護遭打的外公外婆，反被一群紅衛兵揪出去打了一頓。另外兩個六歲、十歲的外甥都嚇得躲到床底下，渾身發抖大哭。這時，附近群眾聞聲也趕來觀看，混亂聚集，人山人海，「打倒！打倒！」的口號聲此起彼伏，驚心動魄。派出所民警與造反派頭頭跟進我家中，擲出槍殺劉文輝的判決書，蠻橫強逼著我母親當場付「子彈費」，母親堅忍著眼淚，默默地拿出了二角錢。他們拿到「子彈費」，擠出人群又指使紅衛兵、造反派說「對反革命分子就是要毫不留情！」這場暴虐一直持續到天黑，當發瘋的人們自己感到疲勞才逐漸散去。不料晚飯後，又有不少人向我家4室門窗擲石頭，把最後幾扇窗子的玻璃都打碎了。大姐只得臨時用床單掛在窗上，稍擋春寒。當時的瘋狂局面差點逼迫父母走上絕路。

在昏黃的電燈下，大姐顫抖著雙手，驚恐萬分地打開民警擲下的那份《上海市中級人民法院刑事判決書》，落著眼淚輕聲念給父母聽。

判決書上羅列劉文輝罪行：

1957年，「瘋狂地攻擊共產黨的領導和社會主義制度，大肆汙蔑我歷次政治運動和各項方針政策」，1962年，「為首組織反革命集團，陰謀劫船投敵，當無產階級文化大革命開展後，竟針對我黨中央關於無產階級文化大革命的決定（即十六條），編寫了反革命的『十六條』，分別散發到全國八大城市十四所大中院校，用極其惡毒的語言咒罵我偉大領袖；瘋狂攻擊我社會主義革命新階段是『窮兵黷武主義的新階段』，社會主義制度是『戰爭的策源地』，誣衊無產階級文化大革命運動是『全民大迫害』。同時大肆

宣揚資產階級的『和平、民主、平等、博愛』，竭力吹捧蘇修、美帝……」法院宣稱劉文輝「是一個罪大惡極、拒不悔改、堅決與人民為敵的反革命分子」……，「為確保無產階級文化大革命順利進行，判決反革命犯劉文輝死刑，立即執行」。

另一紙是法院給劉宗漢的通知：

反革命犯劉文輝，已由本院判處死刑，並報經中華人民共和國最高人民法院核准。我院於一九六七年三月二十三日將劉犯文輝執行槍決。

剛剛經受殘酷批鬥的老父，不顧頭頸撕裂、腰腿劇痛，顫巍巍地伸手從大姐手上拿過這二張輝哥被殺害的奪命紙，抖抖嗦嗦地撫摸著，連聲長歎：「我劉宗漢作了什麼孽，要遭到如此報應

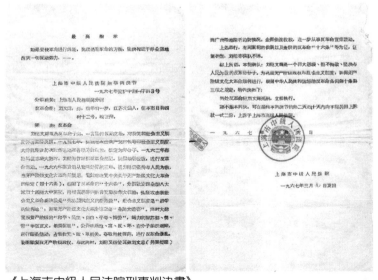

《上海市中級人民法院刑事判決書》

啊！」「我害了輝兒，我株連了全家，我做再多的好事也不行啊！」父親的哀怨催人淚下。從不落淚的母親嚎啕痛哭了一夜，一家人驚魂失措，個個呆坐到天明。

第二天，有關「槍決罪大惡極、死心塌地現行反革命分子劉文輝」的公判海報張貼滿上海大街小巷，自然首先貼到了我家弄堂口和12號大門牆上。從這以後幾個月中，整個日暉四村288戶人家，加上附近市民新村許多居民，都像參觀動物園一樣，天天圍著這個出了三個反革命分子的「殺、關、管」人家指指戳戳，說長道短。

「劉家二個兒子都被槍斃了！」

「什麼事？」

「反革命罪可大呢！直接惡毒攻擊毛主席、反對文化大革命！」

「不，小兒子沒有槍斃，還關在裡面。」

「可能下一次槍斃！」

鎮壓劉文輝最高指示

「小兒子是否是那個腳不好的阿蹺？跟我家阿四是同學，年紀才十九歲，怎麼搞的，幹這種事？」

「聽我兒子說，是他阿哥帶壞的，阿哥是個頑固的反革命，不怕死，右派，組織偷渡被戴反革命帽子管制，這次又與無產階級專政作對。」

「派出所說，他在裡面還堅持反動立場，應該槍斃！」

「劉家老太婆真作孽，嫁了這麼個歷史反革命管制分子，苦了一生，二個兒子槍決的槍決，關的關，還向派出所民警交了二角錢子彈費，碰到別人早發瘋尋死了！」

自輝哥死後，父母親的處境更加惡劣了，經常遭人罵，丟石頭，母親一出門後面就有人在指指點點地辱罵，無知的小孩跟在背後用磚泥拋她、用髒水潑她，而這些凌辱都是在大女兒一家面前發生的。文革的家庭災難給母親打擊是致命的，紅衛兵的多次抄家、造反派的一次次批鬥丈夫，兒子被殺被關，母親一一咬牙挺過。但這些都還不夠，最後大姐單位江南造船廠造反派發動了一次致命打擊，搶佔住房把她與父親趕出家門，父親流落在外，母親暫寄大姐家。已出嫁的上海二個姐姐已無能力保護母親安全，只有向外地兄妹求援，當時在劉家八兄妹中大哥、四哥、五哥都嚴重受株連，不是被單位組織內控監視就是在學習班交待，唯有二哥是共產黨員革命幹部較安全。母親第一次逃往蘇州，理由是幫二嫂帶才出生的兒子。然而，毛澤東的階級鬥爭把整個中國變成監獄，母親離開家不久一份公安通知到了二哥單位，二哥雖然是個孝子，但卻是個黨員幹部，一貫有黨性原則的他面臨艱難選擇，是孝敬父母、還是忠於共產黨？是聽毛主席教導、還是聽父母的話？在二哥還來不及大義滅親劃清界限之時，嫂子搶先一步。二嫂單位是蘇州101軍醫院，她本人是黨員也是軍人，還擔任護士長，她的領導在家屬大院貼出勒令反革命婆娘滾出去的大字報，並組織人圍攻施壓，為了軍籍與黨籍，二嫂無奈把母親趕回上海。但這件事像根刺深深扎在我們兄妹心裡，造成幾十年

的隔閡。被逼回上海的母親不堪凌辱,第二次又逃往陝西三女兒家,因為三姐夫是西藏公安幹部,作為軍屬家眷還有一些安全保護,加上三姐的單位在階級鬥爭相對滯後的國防窮山溝,母親總算在三姐庇佑下躲避了最殘酷的年份。

說到這裡,母親默然自語,那時如果不是身邊帶著三姐天真活潑的獨生女彤蕾,她真有可能難以支撐下去。

我追問父母:「你們沒有保存輝哥的骨灰?」他們痛苦地說:「在這種年頭,哪有膽量去要骨灰。」父親含淚對我說:「也好,這個倔強兒子遲早會被他們殺害,早走,免受了數不清的折磨。」

夜深了,父母親、大姐邊泣邊訴,恐怖回憶像打開了堤閘,濁浪滾滾地流淌不盡。聽著親人敘述,我心潮難平,輝哥沒有留下骨灰,沒有墳地,沒有人敢為他在清明燒上一把香,蒼天何等不公啊!我對著窗外黑夜佇立良久,暗暗發誓,三哥,兄弟我將來一定要為你申冤,為你樹碑立傳。

這一夜,全家人在提心吊膽的驚恐氣氛中迷糊過去。天濛濛亮,我趕忙爬起來,擦把臉,顧不得淚眼通紅,出門搭乘早班公共汽車去工廠接受監督勞動。踏進廠門,時針指著五點三刻。

檄文放光輝

沉默寡言的父親被群眾專政折磨得死去活來,有一天夜裡他悄悄地告訴我:「文輝在臨死前寫下一封血書,藏在棉被夾襯裡面。」我急切追問:「現在藏哪裡?」父親說,輝哥遇難後公安局通知家屬去領遺物,他領回一床被頭,一雙高幫皮鞋、衣物等,心存疑然的父母知道兒子一定會留下什麼遺言,細心拆除被單,發現被角裡藏著二張折疊很小的紙團,這是一份用生命代價換來的遺書,父親提心吊膽保存了下來。那時父親處境非常險惡,經常被批鬥,天天為輝哥的這封血書提心吊膽。後來在雲南

工作的五哥文龍68年回滬探親，臨走時，老父親將遺書交給了五哥保存。輝哥的遺書用二張16開練習簿紙寫成，正反兩面寫得密密麻麻共四頁紙，最後的簽名和詩詞都是咬破手指用鮮血寫的，比較模糊。不久五哥被家庭株連，外調材料說他有企圖幫哥哥叛逃的嫌疑，在單位開展的一打三反運動中，五哥被關進學習班隔離審查。他知道自己私藏著三哥血書，等於一顆定時炸彈，只要被人發覺勢必遭殃。為了把輝哥寫的遺書內容完整保存下來，他除了死記硬背，還把輝哥的血書一字一字分別拆開，用紅筆作記號劃在毛選「老三篇」內容中，再用電話號碼程式編寫遺書內容，然後把原件燒毀了。這在當時人人自危的階級鬥爭年代是個極聰明辦法，因為沒有人會想到輝哥的遺書、聲討毛的文章會藏在毛選中。

同樣四哥在四川也遭株連，當時他所在單位由工改兵，從冶金部劃向解放軍來整編。當年我在串聯時把投寄十六條一事告訴了四哥，他就焦急萬分，知道輝哥這次在劫難逃，不久他得到我與三哥在上海逮捕的消息，那時他已進學習班成為監視對象，信件都被監控，夜裡經常做噩夢，幾次夢中大喊：「此事不能幹、要殺頭的」。被同房人匯報軍代表，他開始被隔離，要他交待「殺頭」是什麼意思。

我得到這一消息，立即寫信給五哥，向他要輝哥遺書的內容。過了段時間，我終於讀到了敬愛的輝哥臨終前寫下的血書內容。我讀著讀著，眼淚滾滾，輝哥啊，這是您在短暫人生旅途向天地發表的戰鬥檄文，一身正氣沖雲霄，滿腔熱血灑征程，相信每個人讀了您鮮血寫成的戰鬥檄文，都將為您捨身反抗邪惡狂潮所震撼，為您睿智敏銳的洞察力所折服，更為英年早逝的您超人的才華而惋惜！

我這裡再一次含著熱淚，一字一句地把輝哥的遺書全文抄錄如下，公佈於世。

劉文輝遺書

（作者劉文忠注：一九六七年）三月九日四時許，我在法警強力馴逼之下，在不大於五平方的私堂與外人隔絕，由檢察院一人給我檢察院起訴書，五分鐘後仍由他代表中級人民法院宣判我死刑，立即執行。僅隔二小時左右，高級人民法院就傳出駁回上訴，維持原判。事實上，我的上訴書剛寫好，高院高明未卜先知，如此猴急，只能證明我使他們十分害怕，惟恐我多活一天來反抗他們的殘忍。此外說明披法袍的法者是多麼「遵紀守法」啊！莊嚴而鄭重的法律程序手續總是到處被他們強姦。他們逼我在不大於50平方尺的法庭中與外人隔絕，在法警的強力下馴服的。此遺書一定要保存，讓我死得明白。我說它是私堂並不汙誣它們。

親人，我想但不能寫明你們的名字，顯然是怕當局迫害你們，因此希望你們從這不能盡訴的遺信最後見面，我不久就將死去。我為什麼被害，因為我寫了二本小冊子：《冒牌的階級鬥爭與實踐破產論》、《通觀五七年以來的各項運動》，此稿已被紅衛兵抄去。另一本是傳單「反十六條」，其中分別分條：「窮兵黷武主義的新階段」、「主流和曲折」、「敢字當頭，獨立思考」、「反對教條，自作結論」、「讓群眾在切身痛苦中教育自己」、「反對毛的階級鬥爭理論」、「正確對待同胞手足」、「區別對待黨團幹部」、「警惕匈牙利抗暴」、「史達林鬥爭中的教訓」、「民主主義者在抗暴鬥爭的旗幟下聯合起來」、「關於自殺與拼殺」、「武裝鬥爭的部署」、「裡應外合」、「知識分子問題」、「主張部隊研究它、批判它」。

此傳單是由忠弟投寄出了事故，也正是我被害的導線。

你們是瞭解我的情操的，它可以用詩概括之：

從誣「反、右、壞、修、資」，

非盜非奸非乖暴。

反右幸嘗智慧果，

敢做普魯米修斯。

鎖國應出土玄奘，
焚坑猶揭條石落。
今赴屠場眺晨曦，
共和繁榮真民主。

　　我是個實行者，敢說更敢做。如今就義正是最高的歸宿。我在
經濟上對家庭大公無私，自己在政治上也大公無私。這正是你們有
我而自豪之處。所以我要求你們不要難過，不要從私情上庸俗地讚
揚我，應明智些不因當局的壓迫、愚弄而誤會我的生平。我相信如
同史達林死後俄國升起希望一樣，那就是毛死後，中國的民主主義
者、共產黨中的現實主義者將會朝著世界潮流行駛。中國是會有希
望的，那就是民主、自由、平等。

　　我堅決反對鎖國排他主義、軍國主義、反民主自由、反經濟實
業、焚書坑儒主義。階級鬥爭是惡性報復，為奴役人民的手段，反
對所謂解放世界三分之二的人民的謬論。

　　我的家庭不要因悲痛、受侮辱和受迫害而誤解我，相信我的正
義行為，毛時不易證明，就留待日後吧！

　　外甥們成長吧！要相信烈士遺書的價值。我的血不會白流。請
把我的詩與血書銘刻在烈士碑上，不要枉我此身。

　　文忠弟在一所，他不會死。

　　祝親人能見到我立碑的榮耀。

　　我在第一所，1211，在滬監牢167（五哥注：也可能是761）
號。我的手腳被銬著，不准我寫信和要求見親人面。此遺書是寫上
訴書時偷寫的，不容易，也不能盡述我的心情。唯一希望見此書
後，祕密妥善保管。

　　我的死，在毛政權下你們只能受侮辱、損害，但毛政權倒台
後，作為烈士，必能恢復你們光榮，洗白我家庭，所以請你們將遺
書交給我的弟。

　　今3月18日（五哥注：可能是3月20日）閻羅殿的判官到監獄

來，催我曰，明或後將開群眾大會，要我態度放老實點，言明將視態度而改判與否。我鬥爭很激烈，我當然立志於將頭磨鈍屠刀，把血濺汙道袍，也即站著死，不跪著生，這是宗旨。但是我最大的遺恨是不能做更生動的更重大的貢獻與人民。如今我謂風華正茂，血氣方剛，更因毛在江河日下、氣息奄奄之際。我多麼想活下去，再來個反戈一擊其死命啊！我應當為人民做些事。請原諒我吧，既然我不可能在被哄動受蒙蔽的群眾中呼聲。

作為歷史將宣判害怕民意的政權死刑的發言，那我只好試備委曲求全的方式來賺取微弱可能的寬訴，我曾在前過程中寫過的請求書，希望人們也不要把它當作我的變節，卑躬屈膝的行為對大權的屈服，絕不是意願，而是必要，猶如在屋簷下必低頭一樣，從積極的意義看是為了跳躍而屈腿。

我寫的上訴，應當在毛政權垮台後提出。我的祖國，人民應有……，而今，我謂崑崙，不要這麼高，這麼多雪……

（五哥注：這幾句可能謄寫時有遺漏，讀來不通暢，諒！可能是反諷毛澤東詩詞《念奴嬌‧崑崙》：橫空出世，莽崑崙，閱盡人間春色。……千秋功罪，誰人曾與評說？而今我謂崑崙：不要這高，不要這多雪。安得倚天抽寶劍，把汝裁為三截？一截遺歐，一截贈美，一截還東國。太平世界，環球同此涼熱。）

凡是掌握民命者、國家前途者都必須是理智現實謙虛的愛國者，而不能是狂妄熱昏好戰的陰謀者，我甘願為毛的戰爭政策失敗而鬥爭，為鎖國排他主義而鬥爭。另一途徑是，毛發瘋，冒天下之大不韙，將億萬人民作孤注一擲，拼其偉大理想的實現，正因為此危險計畫在實施，所以作為匹夫，我就願意敢於與它鬥爭，這才是死得其所重如泰山。

我附毛澤東詩詞共七首，分別收藏在衣服中查收。

其中一首是：「龐然世界二瘋子，毛林發作，幾下抽搐，幾下嚎叫，踞功自傲，誇口最舵手。世界革命談何易，入漩渦急轉石岩。迫害急，億萬性命竟玩忽，獨夫欲名乃骨，君命有所不受。須

自主，沉舟側畔千帆過，民意歌蓋，君之代曰，歌也即天皇戰歌，頂禮膜拜。必戰災，情勢急。」

有朝一日請將它發表。

臨刑前十分抱憾，不能著手寫心中久已策劃的一份《人人報》或「層層駁」，其內容是針對毛反動方面，希望有人接任。

毛作為個歷史人物對中國人民是否有功由歷史評論。但自56、57、58、59年後就轉化到反動方面去了。整個世界在變化，但他竟這樣昏瞶、剛愎自用、踞功自傲，自翊為救世主，以至內政、外交竟是亂弱難定，計畫越來越冒險，成為國家的災星。無產階級文化大革命正是他強制人民服從、清除戰友政異、怠忽職守，草菅人命。我向世界人民上訴，我是個國際主義者，我反抗毛所謂解放三分之二的謊言野心，反毛的擴張主義；先烈們，我上訴毛貪天下之功為己功，把先烈血換的家業作為實現自己野心的本錢；我向人民上訴，毛的階級鬥爭理論與實踐是反動的，是奴役廣大人民的。

我將死而後悔嗎？不！絕不！人生自古誰無死？留取丹心照汗青。從來暴政是要用志士的血軀來摧毀。我的死證明，毛政權下有義士。我在毛的紅色恐怖下不做順民，甘做義士！

輝

寫於1967年3月20日

有一位哲人說：「個人只有和群體的大多數一起浮沉，才能免於被殘忍對待，個人太優秀了，太特立獨行了，就容易遭到群體的迫害，群體是殘忍的，群體比個人極端的多，優秀的個人如果優秀得過分，就得準備付出慘痛的代價給群體，必須事先就得抱有最後還得被群體出賣的危險。」歷史上的伽利略、哥白尼就是這樣的先例，輝哥也屬於優秀得過分的那一種人。最終被不知自由民主為何物的愚昧群體所吞噬。

記得回家不久，比輝哥大三歲的堂哥告訴我：1967年3月23日槍殺劉文輝時他在場，那時他作為部隊復員幹部被結合進糧食

系統革委會，這天通知他去參加全市造反派頭頭出席的「堅決保衛無產階級文化大革命，嚴厲鎮壓反革命」大會，由上海幾個四人幫主持，也是文化大革命開展以來第一次在文化廣場召開萬人公判會。

但他完全料想不到公審大會槍殺的第一號人物竟然是自己堂弟劉文輝。參加公審大會的堂兄後來形容：「文輝弟第一個被五花大綁推出來，我偷偷跑到台前，看到他已被折磨得消瘦得不成樣了，頭露青筋、臉頰通紅，可他仍堅毅昂首地站在台上，兩旁員警強制性地摁頭讓他低下，他拼命掙扎要呼喊什麼，但張不開嘴，看著下面黑壓壓高呼口號的群眾，沒有絲毫的畏懼」。我們知道輝哥肯定已被劊子手們敲落了下巴骨或像張志新一樣被割斷了喉嚨，他投下人間的最後一瞥，是遺憾沒能為祖國、人民作更多的貢獻！

我一想到當時輝哥打入死囚受難的日日夜夜就會熱血湧上心頭，輝哥為何有那麼大無畏的精神和勇氣？在他的英勇行為面前，無數渺小的共產黨人應感到無地自容，問心有愧啊！輝哥精神的偉大在於他超越死亡，他的生命是短暫的，精神是永恆不死的。他有一顆沒有被世俗沾汙的正義之心，他不屬於中國共產黨，他屬於中國人民。

他甘當普魯米修斯，他甘作又一個譚嗣同，「橫刀向天笑」。他不是意氣用事，不是一時的發洩，而是為追求真理，在民族的災難來臨時，做一個勇猛的鬥士。他遺書上說，「作為匹夫之責，我就願意敢於與毛鬥爭，這才是死得其所，重於泰山。」「我相信死後，我國的民主主義者，共產黨的現實主義者將會朝著世界潮流行駛，中國是會有希望的，那就是平等，自由、民主。」這遺書上的話，字字擲地有聲、句句真知灼見、聲聲血淚感人！凡讀過輝哥的絕命書的人，都被他一股長存浩氣震懾。

輝哥和毛澤東詩詞：「疏枝立廖秋，笑在百花前，奈何笑容難為久。春天及凋殘，殘因不堪殘，何必自尋煩。」

血祭文革第一人

　　到目前為止，我們親屬都得不到輝哥被殺的全面真相，也看不到所謂「反十六條」罪證的具體內容。現在回想，我從參與書寫、投寄「駁文革十六條」的全過程，清楚知道三哥始終報著「挽狂瀾於既倒，我不入地獄，誰入地獄」的大無畏精神；再聯繫後來入獄提審，幾位審訊員又多次毒罵：「劉文輝是個帶著花崗岩腦袋去見上帝的人。」出獄後見到三哥臨刑時偷偷書寫傳出的血書，加上入獄僅短短四個多月，當局就迫不及待置他於死地的一系列事實真相。可以斷定，輝哥整個死牢裡的迫害過程是極

度殘忍、壯烈的，是當局不敢公佈的。

這幾年我一直在寫文革回憶錄，查找了不少像我三哥一樣文革中被殺的義士。在我翻閱了這麼多人的資料後發現：當局能公佈的人物如張志新、遇羅克等人，僅僅是其宣傳上的需要，如張志新，是共產黨員、她反林彪、反四人幫，但不從根本上反毛澤東。而像輝哥、林昭他們，當局從未有過任何公開的平反後的宣傳，甚至於很多人都不知道有這樣兩位壯烈犧牲的勇士。近年來，因胡傑先生拍攝的紀錄片《尋找林昭的靈魂》及林昭女士自身的北大背景，許多人才開始逐漸知道和瞭解這位高貴的女性。而輝哥因為是一名普通的工人烈士，知道瞭解他的更是少之又少。

但是，隨著我查閱到越來越多的文革義士的資料後，我驕傲地發現，我的三哥劉文輝可以被稱為「反文革第一人」。

為什麼這麼說？

第一、從現有已公佈的反文革被害英烈名單中來看，劉文輝是最早公開批駁中國中央發動文革的決定文件「十六條」，十六條是66年8月8日公佈，9月28日我就將輝哥所寫的《駁文革十六條》，寄往全國十四所高校。

第二、劉文輝是最早公開預測與警告中國人民「文化大革命是一場文化大浩劫和全民大迫害運動」，並號召全國、全民、全黨、全軍起來抵制文革和作抗暴鬥爭的第一人。當時，反江青者有之，反林彪者有之，恰恰是輝哥這樣一位卓越的青年，早在1966年文革剛開始，就站在歷史的制高點、站在世界發展的大視角上，敢於把毛澤東放在批判聲討的對立面，並一針見血地剖析文革的反動性，預見它將給中華民族帶來曠古未有的深重災難。記得當時，輝哥就對我說：「毛澤東發動的這場文化大革命，是一場禍國殃民的大災難，『十六條』是毒害和控制中國人民、殘害知識分

子和國家忠良的文件，我一定要大聲疾呼地揭露它！遏止它！」輝哥還告訴我：「兄弟，這件事敗露是要殺頭的，你敢不敢？」

第三、輝哥66年11月底被捕，67年3月23日被公開槍殺，前後僅僅四個月，從現有的反文革烈士檔案中，還沒有一個政治犯，如此短時間內就被中央點名槍殺，也是文革開始後最早被公開殺害的，比林昭女士被害還早一年多。

第四、輝哥他反文革，更反操縱與發動文化大革命的罪人毛澤東，還反獨裁專制的共產黨制度。從目前公佈的所有文革史料中，還沒有一位烈士所寫的反抗內容其激烈程度、和對文革災難的預見能超越劉文輝。正因為劉文輝涉案反毛澤東程度至深，當1980年張志新、遇羅克、林昭等幾乎文革中被殺的政治犯都獲平反時，而劉文輝仍被上海高法院駁回維持原判，後經我們反覆上訴引起北京高層干涉，由北京最高法院批復重新複查，一直拖到1982年，轉發回上海高法院第二次重新複查，才宣佈無罪平反。可以這麼說，在已知公佈的反文革義士中，三哥劉文輝最早被殺害，卻最晚獲平反，幾經周折，可見三哥反文革思想之深之尖銳。

所以，無論從時間、性質、內容或反抗程度上，都可以驕傲地說，三哥劉文輝是當年上海乃至全國因反對文革而被殺害的第一位義士，「反文革第一人」當之無愧！

以下是我所收集到的文革中被殺害的主要義士的資料，讓我們今天、將來都不忘記緬懷他們，感謝他們在民族和國家的自由民主之路上所作的犧牲。

姓名	就義時年齡	被捕日期	被殺害日期	主要經歷或主要觀點	平反結果
劉文輝	30歲	1966/11	1967/3/23	57年劃為右派。65年被判反革命罪管制三年。1966年9月書寫《冒牌的階級鬥爭與實踐破產論》、《通觀五七年以來的各項運動》，另向全國十四所大學投寄《駁文革十六條》。1、無產階級文化大革命上是一場「全民大迫害運動」，是一次暴力革命，暴力革命必然走上恐怖專政，推行法西斯主義。紅衛兵和工農造反派只是毛澤東利用的對象和工具。2、毛澤東以解放世界三分之二的人民之謬論，以支持亞非拉輸出革命為理由，是完全不顧中國人民的死活。社會帝國主義新階段就是「窮兵黷武主義新階段」，是戰爭的策源地。3、毛搞的是獨裁專制推行是愚民政策。文革持續時間越長，給中華民族與人民帶來災難就越大。全體人民要起來抵制這場倒退歷史的政治運動。軍隊要參與抗暴，推翻毛的暴政。4、堅決反對毛的階級鬥爭路線。反對毛的無產階級專政下繼續革命的謬論，階級鬥爭是毛一貫惡性報復奴役人民的手段。所謂「文化大革命重點是整頓黨內走資派」是個幌子騙局，毛實質目的是要清除黨內異己，進一步打擊中國知識分子獨立思考的精神。	1982年1月6日上海高級人民法院複判宣告劉文輝無罪，為其平反。
林昭（女）	35歲	1960/10	1968/4/29	57年被劃為右派。批判共產風，為彭德懷鳴冤，寫信建議學習南斯拉夫經驗。1964年判反革命罪二十年。在獄中用竹簽髮卡牙刷柄（在地上磨尖）等物戳破自己皮肉，取血書寫，陸續在牆壁、襯衫和床單上用鮮血書寫文章和詩歌計二十餘	1980年12月30日，上海高級人民法院複判宣告林昭無罪。

				萬字。被當局稱為堅持反動立場的罪犯。重點批評「階級鬥爭」學說和集權統治，呼籲人權、民主、和平、正義。	
陸洪恩	49歲	1966/6	1968/4	原上海交響樂團指揮（我在上海第一看守所的難友）。「反動學術權威」，反對江青、反對樣板戲、反對文革。	1979年9月上海文化局為其平反。
吳曉飛	22歲	1968/5	1970/2/17	1967年11月至1968年4月，寫了兩篇各長達二十餘萬字的政論，認為江青是「無政府主義氾濫的根源」，「發動武鬥的禍首」，批判林、江等人對劉少奇「不擇手段、不通情理的迫害」，認為文革「是一件反常的政治事件」，揭露林彪「有陰謀」，把毛澤東思想「弄到荒謬絕倫的地步」。	1980年6月平反昭雪
遇羅克	27歲	1968/1/5	1970/3/5	1966年2月，他寄給《文匯報》的《人民需不需要海瑞》，被壓縮並改題為《和機械唯物論進行鬥爭的時候到了》發表，文中點名批評姚文元的〈評新編歷史劇〈海瑞罷官〉〉。針對文革中風行一時的唯成份論，他在1966年9月寫《出身論》予以批判。	1979年11月21日平反。
張坤豪	28歲	1970/2	1970/3/19	反對文革把矛頭指向劉少奇和其他老革命家，一再說：「劉少奇打不倒！」1969年7月6日，被勒令檢查交代時，寫了「我熱愛劉少奇主席」，並簽名交出。隨即被隔離審查，遭到無數批鬥和毒打，群眾專政八個月。他寫了九份材料，表明「劉少奇曾被定為毛主席的接班人，現在則成了叛徒、內奸、工賊，成了黑線的總頭目，這我想不通。」「中央和部以上幹部被揪出那麼多，使人很難相信中國革命是	1979年10月平反昭雪。

				怎麼成功的」，「我認為，我們的國家被個人迷信充塞著」。	
方運孚		1970/2	1970/3	寫對聯諷刺林、江一夥：「打擊一大片，堯舜禹湯皆右傾；保護一小撮，桀紂幽厲最革命。」「林彪、江青野心很大，整掉大批老幹部就是為了他們自己上台。」「劉少奇是對的，他主張發展生產，發展經濟，有什麼錯？經濟上不去，哪來民富國強？」「彭老總的萬言書字字句句閃金光，說的是真話、老實話，真是人民的父母官。他的行為將與日月同輝，與天地共長久，千秋萬代受人崇拜。」	1980年平反。
毛應星（女）		1969/1/23	1970/4	獄中筆記裡寫道：「這樣的政策最有利於什麼人呢？就是有利於一些個人野心家、資產階級政客，倒楣就是老百姓，而毛主席的江山最後也被這些人所葬送。」指出「頂峰論」是「採取資產階級嘩眾取寵、奴顏卑膝地宣傳捧場，欺騙人民。捧場者投革命之機，受損失的還是革命事業和革命人民。包括毛主席自己。」大搞「忠字化」「分明是唯心論」。	1980年11月29日平反。民政部授予革命烈士稱號，中共甘肅省委追認為中共黨員。
陳卓然	20歲	1970/2	1970/4/28	1970年，陳卓然和兩個知識青年用剪刀剪下報紙上的字，組成所謂「反動標語」60多條，貼到南京市主要街道上。標語內容有「我們要真正的馬列主義！查金華烈士永垂不朽！」等等。這就是轟動南京「2.12反革命案」。	
丁祖曉（女）、李啟順（女）	24歲	1969/7	1970/5	1969年3、4月間，丁祖曉用一封信和幾張傳單，闡明她對林彪、江青煽起三忠於宗教式狂熱的看法。她認為：「忠應該忠於人民、忠於祖國、忠於真理，不應該忠於哪一個	1980年中共大庸縣委為她們平反昭雪。

				1人。現在提倡的『忠』，是搞個人崇拜，是搞奴隸主義。」「這對毛主席沒有什麼好處，不但浪費大，而且是一種毫無作用的、多餘的、甚至是苦人的形式。」「不但是無益的形式，而且是有害的歪曲。這恰如封建社會裡的上朝，把毛主席當封建帝王，天天朝拜。」她的同學李啟順刻寫、油印二十多份《告革命人民書》，為丁祖曉叫好，稱她為「當之無愧的革命先鋒」，並猛烈抨擊林彪、江青大搞現代迷信的行徑。	
欣元華		1967/1	1970/5/30	1967年1月，向毛澤東寫信，指出文革是「黨的歷史上空前未有的慘禍」，「祖國的上空籠罩著個人崇拜的陰雲」，懇求「您老人家趕快醒悟」，「趕快採取最有效的自我批評的緊急行動」，「解決當前萬分嚴重的局勢」。隨即被以惡毒攻擊的罪名被捕。	1979年12月，平反昭雪。
王佩英（女）	54歲	1968/10	1970/11/27	中共黨員，1964年至1968年10月，書寫反革命標語1900餘張，反動詩詞30餘首，公開散發到天安門、西單商場、機關食堂等公共場所。1964年夏季，強烈要求：毛澤東應退出中央領導層；彭德懷、劉少奇、周恩來、朱德是中國人民擁戴的領導人；並提出，本人退出中國共產黨。她在所寫的文章中提到：以毛澤東為首的中國共產黨已經走向歷史的反面，應退出歷史舞台。在殘酷的毒打和迫害之下，她仍堅持自己的信仰，並多次向民眾表明自己的理念。被判處極刑後，在押赴刑場時，因反抗被勒死在刑車中。	1980年昭雪後恢復名譽。

吳述森 魯志立 吳述樟		1970/3	1970/8、	1969年11月，取名為「共產主義自修大學」的學習小組成立，二吳、魯為十三名青年成員之一，學習馬列著作，將心得編為《學刊》油印小報。批判「竭力推行愚民政策，實行奴化教育，提倡奴隸主義的盲目服從精神，宣揚個人迷信和領袖至上的神話，從意識形態上已墜入了完完全全的唯心主義。」「現在的形勢類似辛亥革命的形勢，也有個竊國大盜袁世凱，企圖利用文革篡權，此人就是林彪。」	1978年8月平反昭雪。
官明華（女）	37歲	1967/1	1971/3	認為林彪是「埋藏在毛主席身邊的一顆定時炸彈」，是「野心家、陰謀家」和「披著羊皮的狼」，高呼：「林彪的末日快到了」，「打倒林彪，把林彪拉下馬」，被定為現行反革命。	1978年秋，平反昭雪。
王篤良		1968/6	1971/7	認為「劉、鄧是代表人民利益的馬列主義者，是國家的棟梁，把他們打倒，對黨、對國家、對人民有害無益」；有人「光抓權力，不抓生產，結果使國家政權和人民生活失調」。在獄中又寫道：「林彪為什麼要對毛主席忠、忠、忠，他心裡有鬼。」又針對劉少奇被誣陷一事說：「什麼叛徒、內奸、工賊，沒有確鑿的證據，不能以理服人。」被誣為「頑固不化的現行反革命」。	1980年6月，中共蘭州軍委員會為他平反昭雪，他被追認為中共黨員，並被批准為革命烈士。
張志新（女）		1969/9/24	1975/4	在一次次的批鬥會上向林彪責問：什麼「一句頂一萬句」？什麼「不理解的也要執行」？表示對頂峰論很反感。她明確對林彪不信賴，認為把林彪的接班人地位寫入中共黨章的做法不好。又認為文革中派性泛濫、武鬥成災是江青在搞名堂；江青不是「文藝旗手」，而是破壞	1979年3月，中共遼寧省委為張志新召開平反大會，追認為烈士。

				祖國文化藝術的罪魁禍首。指明毛澤東是文革災難的「總頭子」。	
史雲峰		1974	1976/12	1974年10月，以張貼標語和投寄傳單的方式反對四人幫。提出「全面審查文革中的錯誤」，「沿中共『八大』路線前進」。認為「文革讓黨組織癱瘓，全體黨員靠邊站，整個黨的幹部挨整挨鬥，這是嚴重的反黨事件。政變暴亂，壞人上台，好人受氣，黨、國全變，後遺症已逐步愈演愈烈」。呼籲「必須給劉少奇同志及其他中央馬列主義領導同志恢復名譽」。1974年2月24日，被以現行反革命的罪名被捕。1976年12月17日，四人幫雖已打倒，但撥亂反正尚未開始，竟被判處死刑，19日槍決。臨刑前，史雲峰被打上了麻藥，塞滿紗布的嘴被醫用縫合線緊緊勒住。	1980年3月，平反昭雪。
王申酉			1977/4	1968年1月，校革委會舉辦「王申酉反革命罪行展覽」，全是王申酉的讀書筆記本和讀毛主席著作時在書上的眉批。1968年後，王申酉因捲入上海造反派紅衛兵炮打張春橋的活動和對文化大革命不滿，「被隔離審訊，抄家」，後又被送到江蘇省大豐縣五七幹校「監督勞動，接受改造」。他與另外兩個「反動學生」組織了「讀書小組」，學習馬列著作，探討一些社會問題。由於得不到他們所需的學習書籍，悄悄拿走幾百本學校圖書館的社會科學書籍，準備看完後悄悄送回。不料事發，被隔離審查一個多月，他又一次被取消畢業分配的權利。王申酉在校監管勞動，不予畢業，每月生活費30元，熬過文革後，1977年4月被上海市公安局以「現行反	1981年7月平反，中共上海市委宣傳部長夏徵農主持追悼會稱讚他為：「熱愛馬列主義的好青年」。

				革命」之罪槍斃。	
李九蓮（女）		1969/4/3	1977/12/24	因懷疑文革，為劉少奇鳴冤逮捕，書寫了大字報《反林彪無罪》、《駁「反林彪是逆潮流而動」》等。	胡耀邦支持下平反。
鐘海源（女）		1974/4	1978	因聲援李九蓮逮捕，刻印了傳單《最最緊急呼籲》、《強烈抗議》而被捕。	胡耀邦支持下平反。

（注：按被殺害時間先後排列）

為輝哥上訴

　　邪惡的最高峰終於過去了，1979年3月16日下午，經歷多年牢獄之災和非法勞動教養後，我等到了平反的一天，由上海高級法院從白茅嶺農場送回老單位。

　　車到廠門口，熟悉的老地方，看見牌子已改為「上海遠光電器廠」。我自71年6月第二次離開廠，因獄中『孫文讀書會』被拘捕「二進宮」，至今重返這裡，已相隔了八個年頭，老同事看見我重新回來，紛紛轉告。

　　高院同志陪我進了廠部辦公室，高院同志當著我的面，向廠領導傳達了中央平反政策精神，要廠裡儘快落實我的安置問題：第一，工資補發，按十三年補發；第二，戶口落實。因我原住房子文革中被江南造船廠造反派組織非法沒收，法院已責令他們三個月內退還。「現在劉文忠無居住處，他大姐家人口多又無法接受，所以暫要工廠給他安置好。另外劉文忠剛回廠，發生什麼困難，你們都要儘量照顧他。」廠領導一一點頭照辦。我見廠黃書記那種六神無主的樣子，似乎怕我提出一些過分要求和條件，他根本不理解，對於我這個剝奪自由十三年之久的人來說，已經很知足了，內心很感激黨的實事求是政策。我當場沒有提什麼別

的要求。廠領導問我是否要休息幾天？我說：不要，第二天來上班。

　　翌日早上，我八點鐘走進廠部辦公室，廠領導向我宣佈了按高法院規定補發工資數目，並安排我暫住在職工宿舍，戶口也掛在廠裡。接著，姓黃的又同我個別談話，他說：「如果根據華主席的『兩個凡是』精神，你是不可能平反的，因為你哥哥──劉文輝在攻擊文化大革命十六條內容中也攻擊了毛主席，現在中央否定了文化大革命，但沒有否定毛主席解放後的一切，你哥的事情也沒有解決，你自己也為之留了一條尾巴。聽說你還要為你哥哥的事情繼續上訴，我勸你就此甘休。你哥哥人已死了十多年了，你既然平反了，還想怎樣？……」我知道他是作為局裡造反派頭頭下放到基層的。這種人是不忘文革的，「四人幫」垮台了，使他失去了繼續向上爬的機會，腦袋裡的極左思想不可能一下子清除掉。他話的意思是要我「識相點」，怕我回廠部辦公室。他根本不知道，經歷了十三年苦難磨練的我，真不願到他這種人身邊工作，我沒有提出要求恢復原來的統計員工作，反而直接提出去沖床車間，因為當年我回廠戴反革命帽子管制改造時一直在沖床車間，對那裡很有感情。至於他勸告我不該再替輝哥平反上訴一事，我當他「放屁」，心裡想，你是什麼貨色？現今還由得你在這件事上管我嗎？還有，他憑著「階級鬥爭的高度覺悟」，竟也看出高法院對我的平反書中「留了一條尾巴」，這當然與輝哥一事有關，但我堅信這條人造的冤假「尾巴」終會被澈底割去，而他自己那造反派的「光榮」歷史，說不定將來會變成一條真正的抹不掉的歷史尾巴呢！

　　聽母親說，三哥遇難後，他敬重的孫老師專程冒風險偷偷來看她，並心痛地說：「文革的暴虐，只有看在眼裡，恨在心裡，輝兒為什麼要去做這個反『皇帝』的英雄，死得冤啊！」79年十一屆三中全會否定了文化大革命後的某一天，年邁多病的孫老師撐著枴杖又一次摸到我家，關切地說：「文輝媽，輝兒死了十年

了，今天終於證明他反文革是對的，你們無論如何一定要想辦法
寫申訴，為他這樣的好人申冤昭雪。」

上班後，我所有的業餘時間都撲在為輝哥冤案平反上，上海
高法院駁回了，我們不服，在三姐有力支持下，繼續向北京最高
人民法院再上訴。我們家屬中，其他哥哥姐姐都被文革嚇怕了，
一直心有餘悸，膽戰心驚過日子。只有三姐和四哥有膽量最堅決
支持我，堅定不移地要為輝哥討回歷史公道。我與他倆一起到上
海高法院上訪，找複查組申訴。反復替輝哥申辯，但得到的回答
總是這幾句話：「你們要相信政府，如果劉文輝一案確是冤假錯
案，共產黨會為他平反的」。輝哥含冤難白，真使我心頭煎熬日
夜不安。那時我經常跑福州路高院，在那裡遇見許多獄中政治難
友，平反冤假錯案一開始，在我們文革受迫害人群中就發起「勝
利大逃亡」，政治犯、高級知識分子、右派、民主黨派人士、
工商聯資本家、包括共產黨受迫害的幹部，能跑想跑的都利用國
門開放之際「勝利大逃亡」，甘願流落異國他鄉。一些年邁多病
失去在海外生活拼搏能力的人，也千方百計把子女送出去，其中
最普遍方式是送子女出國留學，大家怕共產黨出爾反爾，怕「變
天」，要為自己留條後路。

在為輝哥長達二年多的申訴奔波中，當三哥冤案申訴第一次
被上海高法院駁回時，全家都感到非常失望，特別是父母和幾位
年長的哥哥姐姐打擊都不輕。上層又放話，劉文輝要案非同一般
政治冤假錯案，他涉及面和犯案程度太深，特別是對毛澤東，他
的案件不是上海能輕易解決的事。十一屆三中全會後，「二個凡
是」逐步得到批判與否定，我們又看到為輝哥平反的希望，再次
向北京最高法院申訴。在與高院專案組人員發生的多次激烈辯論
中，三姐始終抓住輝哥「反文革」這一關鍵，專案組人員回答：
我們承認劉文輝是因「反文革」被槍殺的，但劉文輝案比你們家
屬想像中複雜得多，遠不至「反文革」一條罪名，劉文輝批駁的
「十六條」是中共中央文件，你兄弟劉文忠是抄寫駁「十六條」

的人，他清楚裡面內容分量有多重。劉文輝不僅是「反文革」，同時他反毛澤東、還反中國共產黨。從57年開始一貫有反共產黨言論，而且還組織偷渡集團。更嚴重的是他一貫激烈反毛澤東，稱毛主席為暴君、瘋子與獨裁者，甚至號召人民推翻他。我們針鋒相對反駁說：政府十一屆三中全會是否全面否定了「文革」？是否也是糾正了「反右運動」的錯誤？既然如此，為什麼第一個反文革者迄今為止不能平反，這不是笑話嗎？何況事情都有前因後果，如果沒有政府錯劃劉文輝右派，如果不是被毛澤東一次次錯誤政治運動迫害，劉文輝會計畫外逃嗎？會反政府嗎？至於反毛澤東到什麼程度，大家清楚：毛澤東文革不是有錯，而是有罪，這結論在共產黨高層都有說法。毛澤東發起的文革運動，造成全國人民無辜死亡千百萬，難道劉文輝反他有罪？更何況文革十年是毛澤東的獨裁暴政時期，被人民選出的劉少奇合法國家主席也被毛領導的「四人幫」推翻，劉文輝號召推翻的是毛的暴政，不是劉少奇領導的共產黨政府，所以也談不上劉文輝要推翻共產黨一說。反過來，如果當時中國人能被劉文輝喚醒，能起來抗暴，像國家主席劉少奇等大批共產黨幹部也不至於迫害死，中國也就不會死二千萬人。專案組當時啞口無言，又強調說：即使我們為劉文輝「反文革十六條」一案死罪平反，但劉文輝嵊泗叛逃一案還是存在，也不在我們上海管轄範圍，你們應該找舟山法院。我們馬上反駁：正由於錯劃了劉文輝的右派帽子，才會逼使他想出潛逃國外的念頭。何況這是他相信黨的「坦白從寬」政策，澈底交代的，法院判決書上亦寫著「因念其最後尚能坦白交代，並願悔改」等，而且他只有設想計畫，最後沒有行動，怎可憑此定他反革命罪呢？顯然是冤枉。至於他對「文革十六條」的批駁，十年實踐已證實他的先知先覺，很了不起！

　　面對三姐這樣據理申訴，高法院複查組人不得不同意「這種推理說法有道理」，也承認劉文輝66年文革初就能反文革、駁十六條，是正確的，也是最早的一個人，他被殺的原因也是這篇駁

十六條。但他們認為在全國所有複查文革冤假錯案中，還沒有哪一個像劉文輝的匿名信這樣，含有大量涉及攻擊毛主席的內容，根據目前中央有關政策精神，特別是涉及毛澤東問題，還是無法平反的。至於將來如何，很難說定，你們家屬只有耐心等待，由時間來決定。最後複查組只能安慰我們說：你們家屬寫給中央鄧小平、胡耀邦、趙紫陽、彭真等領導同志的信所有都已轉到我們手中，中央領導很重視劉文輝一案，也看到了他的死跟上海四人幫有關，因為材料表明當時張春橋、姚文元、王洪文等上海四人幫餘黨都直接參與這件公判槍殺劉文輝的案件，並且主持參加了這個上海全市造反派的慶功大會。目前北京有關領導多次研究討論並有批文，要求上海高院重新再認真複查一次劉文輝的案子，我們會憑著解放思想這觀點給你們家屬一個滿意答覆。

三姐文珠大學一畢業就主動支援內地三線建設，到陝西荒山野嶺的兵工廠工作。她就讀女中時就是「一支筆」，頗有寫作才能，卻始終因為家庭問題被壓制在最底層。粉碎「四人幫」後，本來冰雪聰明的三姐經歷了「文革」的磨難後，更加堅強，智慧之光四射。三姐夫從事司法工作，對政策法規瞭若指掌，又因他出身高幹家庭，中央上層內部資訊知道得多些，所以他倆一直強有力地支持我要為輝哥上訴，不達平反昭雪目的，絕不甘休。三姐指導我不斷收集、學習十一屆三中全會前後中央領導人鄧小平、胡耀邦等的講話、指示，並給我審慎地透徹分析。

三姐說，劉文輝的事蹟，不僅僅是我們家族的問題，他還是整個上海乃至全中國的榜樣與驕傲。當文革濁浪剛剛掀起時，輝哥就用他犀利的眼光，洞察其逆歷史潮流的反動本質，把毛澤東發動文革的不良用心、作惡目的批駁得體無完膚，在當時確實沒有第二人。實踐是檢驗真理的唯一標準，十年文革血淚成河的事實證明，輝哥是正確的，毛澤東的實踐破產了，階級鬥爭理論覆滅了，十年文革把中國經濟發展倒退了半個世紀。三姐深沉地說：「劉文輝的冤案絕不是個人和家屬的冤案，他是代表整個

反文革大軍中千千萬萬冤假錯案的突出典型。我們兄妹要不惜一切為他上訴昭雪。毛澤東死了，『四人幫』粉碎了，中國的苦難是到了盡頭，但階級鬥爭的陰魂仍未驅散，以他的接班人華國鋒為首的『凡是派』繼續執行毛澤東的極左路線，一大批『文革』既得利益者也拼命阻撓全面撥亂反正的進行。現今儘管鄧小平、胡耀邦自十一屆三中全會後取得了掌舵全黨全國的大好形勢，但『積重難返』，多如牛毛的冤假錯案雖然不斷解決，但還不澈底。隨著時間的推移，時局的發展，最終你的遺留問題與輝哥的問題，都會澈底解決。我們做家屬的也只有體諒中央的逐步解決策略，耐心地再等待一段日子。」

當時許多文革中被殺害的義士，如張志新、遇羅克、李九蓮，甚至包括林昭，都已經獲得了平反，而三哥的案子仍舊遲遲沒有回音，我未免心裡著急不安。而三姐這一番深入細緻、縱覽全域的分析，也給我上了一堂生動的政治課。我對三姐表示，我會堅持不懈地為輝哥平反昭雪呼喊，申訴到底。這段日子裡，上海高級法院複查組又找我談了幾次，核實了幾件事。記得最後一次複查組負責人沈同志跟我講過一段話，他說：「你們家屬不要再到處寫信了，劉文輝一案上海、北京最高法院都很重視，中央主持政法工作的領導有重要批復，『四人幫』中上海三人參與槍殺劉文輝一案，必須重新複查」。隨著時間推延與黨內的認識統一，複查結論快了，你要耐心等待。」

然而，「冰凍三尺，非一日之寒」，華國鋒等人推行的「兩個凡是」，雖在中央失勢告退，但在廣大的基層，尤其在僻遠海隅角落裡，陰魂不散，時時作怪，處處刁難文革受難的申訴者。四處奔波申冤的三姐，特地叫四哥文正一起，到輝哥工作過的浙江舟山嵊泗島，徑直踏進當年判決輝哥「現行反革命管制三年」的嵊泗法院，申訴要求平反。法院對之不理不睬。三姐四哥就去舟山地區政法委接待室，要求領導接見，他們等待了很久，才有幾個人出來接待。三姐開門見山地提出，輝哥「反革命案」開始

是由舟山嵊泗法院錯判，以致最後遭到殺害，要求舟山地方政府根據黨中央撥亂反正，糾正「文革」中冤假錯案的政策精神，給劉文輝平反。不料舟山地方人員卻仍受「兩個凡是」影響，僵硬地回答「維持原判」。三姐拿出國家新憲法與黨中央一系列文件，同他們唇槍舌戰了幾個小時，駁得他們多數人面色蒼白，啞口無言。其中有的人甚至氣急敗壞，大聲嚷嚷威脅三姐「翻案要負政治責任」，三姐義正辭嚴地批評他們「至今還是極左流毒嚴重」，雙方幾乎拍桌子爭吵起來，不歡而散。

眼看在舟山地方得不到落實，三姐回到上海後，當夜給當時主管全國政法工作的彭真又寫了上訴書，她滿懷信心地告訴我：「問題終會解決，希望在人間！」

兩張平反書

皇天不負苦心人，這一天終於等來了！

這是永生難忘的1982年1月6日。高院事先通知我們家屬前去聽結論。三姐從蘇州趕來，二姐從閔行過來，大姐、大姐夫及已從外地回滬在寶鋼工作的四哥，一起坐在家裡碰頭商量，有的提出輝哥一經平反必須要求政府重重賠償。是日，三姐、四哥陪我一起踏進高院接待室。複查組人員向我們宣讀了兩份平反書，一是對輝哥冤案平反昭雪，一是給我澈底平反。並說明，我的問題早已解決，只因劉文輝問題需要北京最高法院核定，兩案牽連在一起，所以平反書遲至今日，一起發佈。我們都很激動，儘管等了十五年，還是感謝政府實事求是平反了這個冤案。三姐代表家屬提出，出於長期受冤案牽連的義憤，我們家屬理應要求政府作出賠償。高法院人員對此面露難色，解釋說：平反冤假錯案開展已三年多，三年前劉文忠平反時政府還有能力補償他十三年工資損失……三年中要求平反補償的人上千萬，政府現在幾乎沒有財力補償，只能給予精神與政治上的糾正平反。你們的要求

我們只能匯報領導，研究研究。三姐聽後又當場深明大義說，當
今國家困難重重，過去的巨大災禍與精神損失都是萬惡的文革造
成的，惡夢醒來是早晨，輝哥之所以以身殉難，也是出於高尚
的救國救民的自覺大無畏犧牲，所以我們只要求討得歷史的公
道，政治上的平反昭雪，至於經濟賠償，我們家屬不會提什麼要
求……。沈同志聽了三姐這番話，頻頻點頭，深表讚賞。事後，
上海高院僅僅補償了微薄的二千元安葬費，並請我們諒解。

上海市高級人民法院

刑事判決書

（81）滬高刑複字第1531號

劉文輝，男，一九三七年生，江蘇省無錫市人，原住本市日暉
四村十二號四室。

劉文輝經上海市中級人民法院於一九六七年三月九日以（67）
滬中刑（一）字第3號判決成反革命罪，判處死刑，立即執行。劉
不服判決，提出上訴，經本院於一九六七年三月十日以（67）滬高
刑（一）上字第1號判決駁回上訴，維持原判並於一九六七年三月
二十三日執行槍決在案。其家屬不服判決，提出申訴。經本院複
查，於一九七九年三月十七日以（79）滬高刑審字第797號裁定，駁
回申訴。其親屬仍不服，繼續申訴。

現經本院複查查明：劉文輝在「文化大革命」初期書寫了所
謂「十六條」的傳單，指使其弟劉文忠分別寄往全國十四所大中院
校，傳單的主要內容係對「文化大革命」中的極左路線不滿，其餘
屬思想認識與教育問題，均不構成犯罪。至於原審認定其書寫反革
命文章、惡毒攻擊、汙蔑偉大領袖、瘋狂攻擊社會主義制度，妄圖
進行反革命暴亂，顛覆無產階級專政等，均屬不實之詞，應予否

定。因此原判對劉文輝以反革命罪判處死刑，立即執行屬於錯判錯
殺，應予平反糾正。據此，本院特判決如下：

一、撤銷本院（79）滬高刑申字第797號裁定、（67）滬高刑
　　（一）上字第1號判決和上海市中級人民法院（67）滬中
　　刑（一）字第3號判決；

二、宣告劉文輝無罪。

　　　　　　　　　　　　　　　　　　上海市高級人民法院

本件與原件核對無異

　　　　　　　　　　　　　　　　　　一九八二年一月六日

劉文輝的澈底平反書

上海市高級人民法院
刑事判決書

（81）滬高刑申字第2027號

申訴人（即原審被告人）：劉文忠，男，三十五歲，江蘇省無錫市人，現在上海桅燈廠工作，住本市日暉四村十二號四室。

申訴人劉文忠因反革命案，經前中國人民解放軍上海市公檢法軍事管制委員會於一九六九年一月二十七日和一九七二年八月二日分別以（68）滬軍審刑字第132號和（72）滬公軍審（刑）字第289號判決判處管制三年和有期徒刑七年。劉不服判決，提出申訴，經本院於一九七九年三月十五日以（79）滬高刑申字第484號判決維持中國人民解放軍上海市公檢法軍事管制委員會（68）滬軍審刑字第132號判處管制三年的判決；撤銷中國人民解放軍上海市公檢法軍事管制委員會（72）滬公軍審（刑）字第289號判處有期徒刑七年的判決；鑒於劉文忠有悔改表現，摘掉反革命分子帽子，恢復公民權利。現劉仍不服改判判決，再次提出申訴。

現經本院複查查明：劉文忠受其兄劉文輝指使，於一九六六年九月間複寫並投寄了所謂「十六條」的傳單給全國十四所大中院校雖屬實，但傳單的主要內容係對「文化大革命」中的極左路線不滿，其餘屬思想認識與教育問題。本院於一九七九年三月複查改判時，雖然撤銷了對劉文忠判處有期徒刑七年的判決，但仍維持原判管制三年並根據其悔改表現，摘掉反革命分子帽子等均不當，因為按劉文忠的行為，並不構成犯罪，（68）滬軍審刑字第132號判決以反革命定罪是不對的，應予糾正。據此，本院特判決如下：

一、撤銷本院（79）滬高刑申字第484號判決第一項、第三項和中國人民解放軍上海市公檢法軍事管制委員會（68）滬軍審刑字第132號判決；

二、對劉文忠宣告無罪。

海市高級人民法院

本件與原件核對無異

一九八一年七月八日

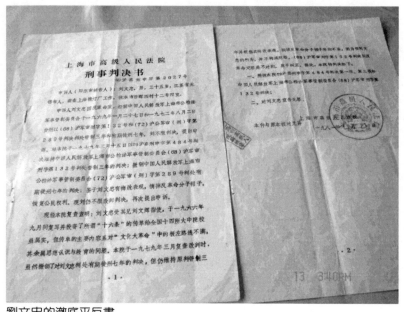

劉文忠的澈底平反書

　　完全平反了！澈底平反了！

　　儘管一張「平反」書與生命相比顯得微不足道，儘管這是遲到的溫暖，是衝破了重重嚴寒晚來的春風，但畢竟陽光照亮了我們劉家，思想大解放的春風吹進了我們劉門老老少少的心田。在這期間，年逾九旬、雙目失明的老父親劉漢宗的歷史冤案，所謂「歷史反革命」也獲得平反。父親等了二十五年才拿到這張平反書，沒有人承擔責任，沒有人道歉，也沒有人賠償，更沒有人反省。有關人員輕描淡說一句「錯判了」，勾銷了一切法律的道義的責任，好像一縷輕風，就能把劉家的這場十級驚天破壞大地震掃蕩得了無蹤跡一樣。

　　戴了二十五年「歷史反革命」帽子的父親沒有欣喜若狂，他已經麻木了。挨了無數次批鬥，受了無窮的委屈，這傷痕不可能這麼輕易地被撫平的，但重壓在子女們頭上的這頂「反革命家屬」的帽子，這一苦難賤民的待遇終於到了盡頭。

蒙難25年的92高齡父親已失明失聰

一生坎坷，仍堅強生活看到平反的母親

　　父親等得太久了，以至於雙目失明，加上耳聾，已經看不到，聽不清兒孫們的歡慶情景了。但年老雙親對三兒子文輝的平反昭雪，對九兒子文忠的澈底平反，特別高興，激動得老淚縱橫。家門中第三代、第四代青少年無不喜逐顏開，朝氣蓬勃的稚嫩的臉上綻開了朵朵鮮花。劉家最孝順、最有才華的輝哥蒙冤獻身十五年後，今天終於還清白於天下，沉冤昭雪於人間！

　　文革十年是我們劉家的一場惡夢，父母受盡了折磨，心滴著血捱著不眠的長夜，多麼痛苦多麼難熬的三千六百五十天！他們不斷地看見帶著血的手掌，他們想念被殺、被關的兒子，日夜夢見吃人的白牙向他們撲來。在痛苦萬分的時候，他們經常聽到親朋好友用自己的手結束生命的噩耗，父母也曾想過自盡，免得活著株連子女，但能活到今天，是相信一個真理：任何夢都是會醒的，殺人者終究會上歷史審判台的，只是這夢的代價實在太大了！

1982年劫難過後，唯獨少了輝哥的全家福（後排左二為作者）

　　1982年3月23日，三哥犧牲十五周年，我們全家四代三十幾口人在蘇州光福為輝哥立碑掃墓。伴隨輝哥辛勤耕耘一生的那只大號關勒銘金筆作為珍貴遺物之一埋進了三哥沒有骨灰的衣冠塚。

　　三姐代表了我們兄妹讀了一篇全家對輝哥的紀念悼詞。其中有這樣一段話：

　　大上海啊！您怎能眼睜睜地瞧著，你最優秀的兒子被無產階級暴政所屠殺！黃浦江啊！你可以作證，這位優秀的青年曾幾年來風雨無阻從浦東滬東船廠騎自行車趕到復旦與上外去上夜校。東海啊！你應該記得，有位年輕人在海島上天天傍晚在你的懷抱中遨遊近萬米，鍛鍊體魄，每夜你可以看到他坐在一間蚊蟲肆虐叮咬的小屋內苦讀至深夜，燈光不息。祖國啊！為什麼中華民族最愛國的仁人志士，為了你的強盛而要拋頭顱，灑鮮血。麻木、愚鈍、盲目、

迷信的善良人們，你們在高呼口號「打倒反革命分子劉文輝」、「劉文輝死有餘辜」的時候，你們扮演了一個歡呼著把耶穌釘在十字架的角色。劉文輝「反文革十六條」的戰鬥檄文，他所預言十年文革的種種罪過，都一一降臨到你們頭上。他用自己的一腔熱血，喚不醒你們的靈魂與覺醒。他是中國人民中最優秀的人，世界上從來就是太優秀的人卻成了異類，成了被群體出賣、攻擊的對象。我的輝哥，至今，你的人品，你的遺書，你的「反文革十六條」小冊子，遭受到時代的局限，未能告示天下。我們家屬未能完成你的遺願，每年你的祭日就成了我們最傷痛的日子。……

　　二哥也終於自責反省過去的愚忠錯誤，誤解了這位為國為民而桀驁不馴的大兄弟。年近花甲的二哥顫抖地拿著毛筆，飽蘸紅色顏料，修復了輝哥墓碑上的遺詩：「一生坎坷修真身，抗暴敢作普魯米，今赴屠場眺晨曦，共和繁榮真民主。」他一筆一劃地描紅著，神情默默肅敬，內心深處喃喃懺悔，他被這位光明磊落、坦蕩一生的大兄弟所折服了。

　　記得為輝哥立碑這天，全家人聚在一起回憶他。

父親說：我作孽、株連了家庭子女二十多年，特別是輝兒，因我
　　　　　而死。

母親說：我養育了他十五年，他卻加倍回報了我十五年。

大哥說：在我回鄉陷入困境時，是輝弟給予了最珍貴的手足
　　　　　深情。

二哥說：在我當領導受家庭株連被衝擊批鬥時，連避難在我處的
　　　　　母親都保護不了，我甚至怨恨過這大兄弟為什麼老是讓
　　　　　家人如此揪心一次次受株連。

大姐說：在我看到上百個造反派與紅衛兵圍在我家，殘忍批鬥父
　　　　　親並向母親催討子彈費時，我欲哭無淚。

二姐說：在我做夜班回家時，看到街頭貼著槍殺劉文輝海報時，
　　　　　當時昏厥過去。

三姐說：在我生獨生女兒時，親眼目睹輝哥與小弟逮捕，輝哥從
　　　　此一去不復返。

四哥說：在我進學習班審查時，是輝哥的五百封家信讓我支撐著。

五哥說：在我隔離審查時，是珍藏在身上的輝哥遺書讓我堅持了
　　　　下來。

我說：在我十三年牢獄之災時，是輝哥的精神讓我活著走出地獄。

外甥們說：在我們年幼不懂事時，一直在心裡問，為什麼三舅舅
　　　　　要誓死反毛澤東到底？我們不知道是愛他好？還是恨
　　　　　他好？

　　大姐夫回憶輝哥被槍殺株連他一家遭劫情景時，因過度悲痛
欲絕突然昏厥過去，當場中風，送醫院搶救。

　　親人們的回憶催人淚下……

三哥蘇州的衣冠塚

第四章　家人的追憶

我沒能保存住輝哥遺書的手跡

劉文龍

　　1966年，當熊熊燃燒的文革烈火漸漸席捲全國各地時，我所在的遠隔萬水千山的雲南窮鄉荒野的小城鎮，畢竟還有個蔓延的緩衝期，儘管當時上級已傳達四清運動工作組要撤出了，幾位參加四清工作隊的支邊老鄉還是趁機赴昆明省會造反去了，沒多久又借機溜回上海老家。我們留在縣城的幾位支邊青年也忍不住了，結伴揭竿而起，扛著「上海支邊青年革命造反隊」的旗幟外出串聯。才到四川宜賓就收聽到最高指示：「抓革命促生產，就地鬧革命」，這下攪亂了各人想外出串聯的美夢，旗倒猴孫散，大部分人打道返單位。不甘心膽大一點的想，借此機會去看看親戚朋友也好，有的去廣東中山老家，有的去河南看望姐姐。我也多麼希望在這非常時期看望下親人啊，我鼓著勇氣來到四川江油，找到冶金部五冶公司工作的四阿哥文正。

　　他見我突然到來，太高興了。那時我倆都在外地，對文輝哥做出驚天動地的大案實情尚不知詳情底細，我們為失去無限崇敬的文輝哥而悲傷心碎，頓時抱頭痛哭。我們為上海親人蒙受刺激而擔憂，為關在大牢裡的兄弟而憂心忡忡，我們多麼希望能馬上飛回上海去看看，與親人團聚，深層瞭解實情，互相予以安慰啊。可當時條件不允許，短暫的相聚後，我就匆匆與四哥道別返回單位繼續上班去了。有「殺、管、關」家庭背景的我在往後的日子裡只能沉默更沉默。

　　到上海的二位老鄉不久返回來了，他倆神色緊張地轉告我，在上海看到我哥哥遭槍斃的滿街市公安佈告。我雖已知曉，但這又一次深深刺痛了我的心。文輝哥的死給我帶來深重的恐懼感、自卑內疚，以致因羞愧自責而造成長期的痛苦焦慮。然而對蒙受不白之冤的文輝哥，在我腦海中永遠抹不掉對他的追憶反思，反而賦予我頑強生存的勇氣和精神，這是一種心理受到創傷時最好的治療。我堅信文輝哥是對的，今後人們會理解他所做的一切都是對的。

　　在漫長的日子裡，老鄉們一個個順利通過轉正定級，且獲得可貴的探親假，我卻被無限期地擱置下來，儘管領導、同事一致公認我平時表現不錯，可是每當看到我填寫的家庭情況一欄裡就被阻擋了，事後我多次越級反映，向當時單位的軍宣隊申述：家庭出生無法選擇，但個人所走的革命道路完全可以選擇，何況家庭成員中還有一個堅定走革命道路的共產黨二哥。拖了二年，轉正定級總算解決下來，我在那年春節等到了渴望已久的回上海探親假期。

　　當我風塵僕僕地趕到上海時，原本居住的房間已經沒有了，年邁瘦弱的老父親早被造反派趕出自己的住所，在一幢樓內二十四戶人家進進出出大門的樓梯腳旁搭個鋪，床邊靠牆倚放的一把大竹掃把、一個長鐵夾鉗是陪伴他惟一的資產，這是他起早摸黑掃街通陰溝用的工具。清瘦的母親已經沒有再多的淚水可流了，她斷斷續續與我講了些分別二年多以來家中的大變化，一再叮嚀我自己要照顧好自己，堅強地生活下去。大姐、外甥們都話不多，但見到我這位從雲南回來探親的五舅舅仍有說不出的喜悅。

　　那時階級鬥爭上綱上線，無時無刻緊繃著這根弦。上下午分二次要每個人集中面朝偉人像搞「三忠於四無限」儀式活動。我再也見不到親人文輝哥了，也無法探聽到尚關押在大牢裡的小兄弟文忠的處境。假期沒到，我就決定提前起程。

　　在我動身離滬前，老父親拉著我，緊閉大門，緊張神祕地小

聲告訴我：你三哥被政府鎮壓後，公安局通知家屬去領死者遺物，我領回一床被頭、一雙皮鞋、皮帶等衣物，當你姆媽拆洗被單時，意外發現被角裡藏著二張折疊著的紙，我知道這是他僅留的遺書，提心吊膽地保管下來，可是時間長了一旦被發覺要出大事體。這次你回來，我就交給你，希望你帶回去，一定要好好保管啊！

　　這太突然太令人驚訝了！我忐忑不安地接過那二張16開練習紙，上面寫得密密麻麻，正反共四頁紙，展開一看，頓時興奮激動不已，多麼熟悉的文輝哥手跡！我當時沒敢多看一眼，趕快放入自己貼心的內衣口袋中。

　　探親回去後，老鄉同事見我沒帶回上海可口香甜的糖果糕點，難免有點失望。豈不知我心中藏著自己親人三哥留下的多麼珍貴的血字遺書，夜靜了，我又展開，細細讀著文輝哥的最後遺書，不知看了多少遍，流了多少眼淚。

　　隨著文革的浪潮日漸高漲，周圍的環境形勢變幻莫測，我擔心夜長夢多，因為我無法保證我所住的狹小斗室不會被人闖入發現，也不敢保證自己不會遭到翻箱倒櫃查抄的可能。我在反反覆覆思忖，猶豫不決，再三考慮如何將輝哥的遺書既不被發現又能完整保存下來，無奈將字句拆散編寫在毛選「老三篇」單印本中，按當時熟記不忘的電話號碼數位依程式登錄、拆開、再登錄，如遺書的開頭是這樣寫的「3月9日肆時許檢察院一人給我檢察院起訴書，五分鐘後仍由他代表中級法院宣判我死刑立即執刑，僅隔二小時……」，我按379200號碼程式拆寫成「9院訴五執隔……」，這號碼是我上海家中電話號碼，以序類推排列寫完稿，這樣讀起來已不成句。我忍痛將原稿焚毀，以免後患。這辦法我認為是最保險安全的，因為「老三篇」是文革年代每個中國人「當飯吃」的天天必讀書，又是時刻不離身的「聖經」，就是四類分子也規定要人手一冊。誰也不會想到「老三篇」空白處編寫的這一段段詞句是輝哥的遺書。

不出所料，1970年單位革委會在「一打三反」運動中將我隔離，說要調查我是否跟劉文輝反革命案有關係。我先被隔離關押批鬥，所有書信往來被查抄，後來查不出什麼問題又將我放到學習班，成天監督勞動，挑糞、上山墾荒了一段日子。當時不管壓力多重，我始終沒有透露文輝哥曾留有遺書的一絲口風。因為我知道這是我最敬重的三哥，用生命代價換來的最後一份遺書。他在遺書囑咐，「遺作交給我的兄弟，一定要保存好，讓我死得明白！」多年後，我又十分後悔，在那錯綜複雜殘酷的年代，我沒能將文輝哥親筆寫的真跡保留下來，實在對不住文輝哥。

文革結束後，弟弟、哥哥、姐姐們得知我曾保留有文輝哥臨終前的遺書，大家急不可待地要求我把分句拆開的血書恢復原樣，重見天日，給大家傳閱細讀。我又一次流著淚逐字逐句將文輝哥的遺書還原，展示於眾⋯⋯

五百封家書誨育我的一生

劉文正

我們家是個大家庭，父母親辛勤操勞一生，艱難生養了我們六個兒子、三個女兒。我排行第七，上有三個哥哥三個姐姐，下有二個弟弟。大哥二哥與我相差十幾歲，等我知曉懂事時，他們早已踏上社會謀生，二個大姐姐也幫母親操理家務，帶領我們幾個年幼弟妹。所以我自小跟隨三哥、三姐行走遊玩，特別是和三哥天天在一起，聽他、學他，形影不離。

自輝哥離家踏上社會工作後，我突然感到失去了主心骨、帶路人。而我家又居住江陰街孤立的大院，大鐵門整天關閉與外界不交流，上學回家形影孤單，坐立不安。輝哥回家察覺此情後，諄諄規勸我，他自己已失卻就讀機會，讓我一定要珍惜，平時除學校好好讀書，還要自己多看些書，知識就是力量。

輝哥進滬東船廠後忙於工作又讀夜校，星期日也難得休息，

以至不常回家。他雖然與我們弟妹少了晤面機會，但仍念念不忘地關切我們，不斷來信指導幫助我們學習，告訴我們如何做人的道理。

當我初中畢業，為助我複習功課考中專，特地囑我到他廠單人宿舍住一段時間複習功課。由於廠裡工作緊張，他忙不開身，只能幫我買了飯菜票讓我自己在宿舍裡就餐，還一再叮囑：「你如今在長身體，要多吃些。」怕我中餐二個饅頭淡了沒味道，還買瓶八寶辣醬給我拌了吃。

後來我參加工作，他特意調休幫我搬行李送我進單位。告訴我：「雖然你單位規模不大比較簡陋，但只要你虛心向老師傅同事學習技術，同樣有出息，一定要刻苦、勤勞，生活要樸素，不要追求享樂，懶惰。」我也始終遵循他的教導，一生不抽煙酗酒，不貪圖享樂，不追求名利、不做違背道德之小人。

輝哥在嵊泗小島船廠工作時，從曾國藩家書得到啟發，決心要與二哥爭取對弟妹的影響力，向我們灌輸民主自由的思想，教育我們要做一個有獨立思想能力的人，每隔三日嵊泗到上海一班船，他必寄上一封家信，從62年到66年，再加上我65年到四川、龍弟到雲南，三姐文珠到陝西，輝哥與我們弟妹通信多達五百多封。這五百封信的紙張大小不一，闊窄不齊，大都是他練書法的毛邊紙，都用毛筆端正書寫。還有的用鋼筆寫在練習簿上，二哥從朝鮮戰場帶回來的一支大號關勒銘金筆伴隨了他一生的耕耘。他給我們寫的信內容廣泛，敘兄弟骨肉之情有之；論當時政治形勢、社會環境、民俗風化有之；介紹國際動態、暢談古今中外人物、歷史、典故，推崇當今學者藝人氣節事蹟有之；評論文章、詩歌，摘錄書刊中警句、語錄、名篇段落有之。他還常將閱讀過的書籍叢刊郵寄給我們，與弟妹們一起「奇文共欣賞，疑義相與析」。因為當時印刷品郵資非常便宜，所以我們常通過郵寄印刷品夾以書信方式聯繫。

只可惜我66年從川返滬探親時，把他給我的少數信放在後屁

股褲口袋裡，在從寶雞車站轉車時，在人擠人推著走的地下走道被小偷誤為一厚疊錢而偷走了。大約小偷是文盲，當時文革還剛開始，胡亂處理了信件，也免去了我一大災難。而在我至四川工作時，我把其餘積累的一大捆輝哥給我們的來函寄存在我的至交老友方維楊處，後來因文革抄家風起，為避引發災難，通知他燒掉了。

由於書函原件焚毀丟失，又事過四十年之久，而我們又年過花甲記憶力衰退，即使是當時印象很深的事情後來也很模糊，僅能靠苦苦追憶，斷斷續續零散地寫寫皮毛來紀念他。

據我所知，輝哥短短人生中，尚無戀愛過。因他為贍養父母、培育弟妹，無暇顧及自身；更因赤膽忠心，全身撲在追求學業上，更是忙於伸張真理、為民請命。但這不等於他無情感，他在信中同我談及魯迅先生的六字選妻箴言「明智、賢慧、健美」，可悲的是他英年蒙難，無法如願兌現成家立業。但我正是遵循其意旨，花五年時間才尋覓到如意妻子，我與她門當戶對，相互敬愛、相互理解尊重、相互體貼照顧。結婚三十餘年，彼此從無爭吵翻臉，反而是隨著時間的流逝、雙方步入花甲之年而感情日增，更趨形影不離、和睦融洽。

輝哥他覓尋古今中外社會科學書籍，如饑似渴閱讀，吸收書中的營養，像從千川百流匯聚成一條浩浩蕩蕩的洶湧奔騰大河來充沛頭腦，以辨別真理，建立信仰，以揭露身邊的黑暗現狀、險惡環境。他要奮鬥努力擺脫令人窒息、沉悶、缺乏自由民主的專政社會，他憧憬外面世界清新舒暢的社會，可自由呼吸自由選擇自己喜愛的事業工作。

他來信談及61年中蘇反目，談及毛澤東的以窮國饑民之策獲取世界革命、樹立中國在第三世界霸權的妄想，談及抗美援朝的謊言，……讓我們在混沌的歲月中學會了獨立思考，探索事物的真諦，不做愚民。而輝哥三十多年前告知我們的這一切，隨著時光流逝、歷史演變，社會的開放和進步，都已一一得到印證，越

來越多的假相和謊言開始被揭穿，人民也已漸漸覺醒，輝哥的在天之靈也可告慰。

　　他來信總是諄諄告誡我們，要從書本汲取知識，向前人學習做人的道理，做人要仁愛，為人要謙遜、誠實、厚道，寬容別人，同情弱者，寬恕偶然犯錯誤的人，勉勵其改正步入正道，要有人味；沒有這些，就將反之變得貪婪、淫邪、損人利己，包藏禍心，惡意陷害，成為卑劣小人。我們不能蹉跎終生，要為人為社會為國奉獻一生。做學問求知識勿貪多噬食、泛求博雜，要靜心虛求專一。要動腦筋、善於思考，辨別是非真偽，追求真理。凡事常有疑難困惑之時，必須要堅忍熬過此關，便有突進，不可貪虛名而沾沾自喜，不行駕空之事，不說過高之理，要成大事者切忌懶散、心術不正。我至今記得他來信介紹韓非子的著作，尤以「說難」篇與我深討，對我一生受益非淺，使我懂得如何處事，我從不人云我云，背後議論他人長短是非，一直謙虛待人，以誠相待，勇於自剖，辨別是非。

　　輝哥的教誨一直使我們佩服聆聽，事事、時時鞭策自己不可越規逾矩。所以我們這一生縱沒有所作為，卻可捫心自問，我是個正直的人，對得起輝哥的教誨。

輝哥：我一生最敬重、愧疚的親人

劉文珠

　　劉文輝是我的三哥，1937年3月在上海出生，屬牛，年長我三歲。1937年正是抗日戰爭全面爆發，上海「八‧一三」淞滬戰役的那一年。

　　我家兄弟姐妹眾多，共九人。在輝哥之前，先有二個兄長，再有二個姐姐，他排名老五。大哥成家較早，二哥教會學校念書，二個姐姐要分擔母親的家務，母親較喜歡性格溫和不惹事生非的二哥，也喜歡聽話幫忙做家務的大姐。父親喜歡聰慧漂亮的

二姐。我出生後接下來，母親又生了三個弟弟，輝哥夾在眾多子女的中間，又因為他的頑皮、倔強，所以從小沒受過什麼寵愛。

抗戰後，我們家搬到南市區江陰街63號，那是叔叔的房產，有一個獨立的天井大院，一座二層樓房，樓上東廂房住著陳姓一家，我們家住在西廂房，樓下另有二三家。走出院子大鐵門外，周邊平房內居住的多是生活在社會底層較貧困的老百姓。

四五十年代的兒童，一般家庭的孩子沒什麼玩具與遊樂，女孩子在院內踢踢毽子，跳跳橡皮筋，男孩子沒地方踢球，就打打彈子、玩玩彈弓打發光陰。院內鄰居中，女孩子居多，輝哥沒有年齡相近的男孩子可以作伴，而母親一般不准孩子們走出院子到外面去玩耍，為了排遣寂寞，生性膽大敢闖又貪玩的輝哥一個人玩沒勁了，會設想出一些惡作劇逗別人也為自己開心。我們住二樓，上樓的樓梯被底層客廳改做臥室的隔板擋住了光線，尤其轉角處很暗，輝哥會躲在那兒，等我們上來時突然竄出來，大喝一聲，我們常被他嚇得心驚肉跳。沿街樓梯外有一排平房，若媽媽要責罵打他，他常從樓梯的窗戶翻出去，再跳到下面一家工廠的平房頂，把瓦皮踩得蹦蹦響，下面的工人見了大聲吆喝他下來。有時他又繞到鄰居家窗戶前裝神弄鬼嚇唬別人。為了這些惡作劇鄰居沒少告狀，並給了他一個「小強盜」的綽號。再大一些，十幾歲時，他常常跑出院子在街邊看別人打康樂球，忘了回家吃飯，等父親下班回家到處尋找，從康樂球桌邊一個耳光把他打回家。

童年時代的輝哥除了頑皮，在我的印象中他從不霸道，也不跟別人打架，尤其是從不欺負弟弟妹妹。由於他的貪玩，到讀書時，他僅比我高一個年級。我們家曾有幾個孩子同在一所小學讀書，那是尚文小學，後改為蓬萊區二中心小學。剛解放時，二姐讀六年級，輝哥五年級、文正弟二年級，當時家中請了一個幫傭，江西人周老太，每到中午或下雨天，她會送飯送傘到學校，沿著學校教學樓走廊，她拖著嗓音，大聲叫「三少爺，三小姐

——」，快解放了，少爺小姐是資產階級子女的專稱，這樣的稱呼是不光彩的，所以我們經常躲著周媽不答應。

49年5月，上海解放前夕，炮聲隆隆，我們全家分三個地方疏散，我與輝哥一起到愚園路大哥家住了一星期。大哥家中有二棵很大的樹，輝哥膽大爬到高處坐著玩，五月黃梅天多雷陣雨，有一天出現了前院下雨、後院有陽光不下雨的景象，我倆特別興奮，在前院淋雨再衝到後院躲雨，快樂無憂，嬉笑奔跑，忘卻了時光，忘卻了遠處炮聲陣陣。美好的童年回憶定格在這一刻。

舊符換新符，上海宣佈解放了，大哥騎自行車馱著我倆送我們回家，一路上，看到解放軍坐著躺著在馬路邊休息，嚴明的部隊紀律給我們留下極深的印象。

52年，上海遭遇蔣介石空襲的「二六」轟炸，輝哥在黃浦江邊的醫院開盲腸炎手術，我去醫院看他時，正遇台灣飛機扔炸彈，防空警報聲刺耳拉響，我們那時不懂得害怕，跑到陽台上，遙望楊浦發電廠爆炸，有火光和濃煙冒起，還有炸彈扔在了黃浦江裡，掀起了很大的水柱。抗戰期間，我們年幼，戰爭的殘酷沒有留下什麼陰影，二六轟炸是戰爭帶給我們惟一的直觀印象。

輝哥對我一向很友善。在上小學時，有一天，我向媽媽要了五分錢買鉛筆，在上學路上抵不住小販的誘惑，花二分錢買了一包小花生米邊走邊吃，輝哥從後面趕上，大叫一聲：哈哈！一個人偷偷吃好東西！我心情十分緊張，生怕他回家告狀，我遞一把花生米給他吃，他沒接一下子又跑到前面去了，回家後沒事一樣，沒告我的狀。在物質生活不富裕的狀況下，他對零食居然不貪嘴也不打小報告，在我心裡，這個哥哥講義氣信得過。

我從小就喜歡看書，不管抓到什麼就看，但沒有受過四書五經之類古文的啟蒙。當時在街邊有許多租連環畫小人書的攤子，我與輝哥也會坐在書攤邊，翻看小人書，什麼西遊記、水滸、三國演義，最初的閱讀都是從連環畫開始的。

解放前，學齡兒童練毛筆字大楷，學校和家長均十分重視，

父親也對我們督促嚴厲，二姐與輝哥在學校裡發回的大楷作業本上，經常被老師用紅筆圈字，受到表揚。到我上三、四年級時，解放了，不再苛求練毛筆字了，所以從我包括以下弟弟們中文的書寫均沒打下紮實基礎。而輝哥的一手字體剛強有力，字如人的性格，桀驁不馴。

解放初期，剛脫離童年的稚氣，我們都加入了少年先鋒隊，帶上了紅領巾，少年時代沐浴在新社會的陽光下，大環境充滿著朝氣勃勃的向上精神，英雄人物中牛虻、保爾以及陸續湧現的董存瑞、黃繼光、邱少雲的可歌可泣事蹟不斷激勵振奮著我們，心靈上灑下的都是對共產主義美好理想無限憧憬的雨露，思想上烙下了無數先烈與英雄的光輝榜樣，輝哥深受他們堅忍不拔性格的影響。

我是52年小學畢業，輝哥早我一年上初中，那時二哥已去了朝鮮，大姐進入江南造船廠，家中人口眾多經濟很困難。十六歲的他已經很懂事了，主動輟學去滬東造船廠當學徒。二姐本想多讀點書，也無奈改考技工學校離家了。文革後，老母親念叨輝哥時，口頭上總掛著這句話「這個兒子我養了他十五年，他回報了我們十五年」。在將近十年的時間內，我們全家的經濟負擔全靠哥哥姐姐了，他們為我們四個弟妹撐起了擋風遮雨的大傘，使我們不至於失學，不至缺衣少穿，讓我們過著天真少年不知愁的日子。

我是全家兄弟姐妹中最為幸運的一個，輝哥自己沒有機會繼續上學了，把希望和關懷全給了以下的弟妹。我順利地讀完了中學，57年反右時我也寫過一張大字報，認為蘇聯老大哥要中國石油沒有大公無私精神，慶幸的是中學沒有右派指標，逃過了可怕的政治劫難。58年，我考上上海交通大學，接受高等教育改變了我的命運，今生不會忘記自己的成長之路是以兄、姐自我犧牲放棄升學為代價的。工作以後，回報父母和兄姐的感激之心常駐，唯獨最該回報的輝哥卻英年早逝了，這深深的遺憾每每思及黯然

淚下。

　　我讀中學這段時間，輝哥在滬東造船廠先是學習船體放樣，很少回家。一方面是為了集中精力發憤學習技術，學習文化知識。另一方面，弟妹漸長大，家中住房擁擠。我們見面少了，記得有年國慶前夕，晚上他從工廠宿舍所在地浦東慶雲寺一直走回家，天亮我們醒來發現他回來了，真不敢想像輝哥連車子都捨不得坐，那麼遠的路走幾小時。沒幾年，因技術進步快他被升為四級半鉗工，成為家中經濟的頂樑柱。他每月工資66元，比大姐二姐工資都高，每個月雷打不動把45元全部交給母親，餘下的21元，節衣縮食，要購置許多書籍，還額外給弟妹買些文化用品，而自己始終保持一個學徒工的生活標準，凡認識他的同學、師長、親戚、朋友無不稱讚他的人品。

　　三年自然災害時期，我正在大學裡，為了照顧外地在滬的學生，黨支部動員女同學減少每月定量支持男同學，我班一位家境富裕的女生報了每月19斤，我的定量也從30斤改為22斤。在長身體的幾年中我沒法吃飽，為了控制用糧超標，每天中晚餐去食堂買了二兩饅頭或米飯匆匆離去帶到宿舍用餐，等到週末回家，在家中的大鍋飯中分一杯羹，家裡又哪有多餘的糧食？這是輝哥從他定糧的牙縫中省下來的。他從事船體放樣是要扔大錘的，是重體力活，每月40多斤，按理他自己也不夠，他心裡惦記著62年從東北返鄉務農的大哥一家，惦記著家中年老父母和發育成長的弟妹，每月必節省下十幾斤糧票貼補家中，我的「崇高」助人為樂思想滿足了精神上的自我陶醉，而對兄長的犧牲卻是熟視無睹，情感上的麻木叫人羞愧，痛徹心扉！

　　1956年，我升入高中二年級時，我們遷到日暉新村與大姐一家住。搬家後不久一個星期天，我返回老屋去看一起長大的鄰家女兒安寧，突然公用電話的傳呼人在樓下喊「劉文輝來電話」，我以為是找我這個妹妹的，接著又聽喊「請安寧接電話」，我頗感意外，安寧聽完電話後也吞吐不解釋什麼事情，憑著少女的敏

感我猜出是輝哥約會安寧。安寧比我長一歲，長得秀麗而文靜，有大家閨秀的風範，我們一起倆小無猜。安寧的家境優越，父親是開工廠的，她又是獨女，倍受祖母、父母、姑母的寵愛。她有單獨的臥室，很早就戴上祖母送的一塊小巧別致的金錶，衣服穿的講究，母親為她積攢了一箱子衣料。因為我母親對子女的嚴格家教，我每天出入她家，目睹我們兩家之間物質生活差距已習以為常，並沒有羨慕、嫉妒的扭曲自卑心理。在我戴上紅領巾以後，階級鬥爭的教育、各項政治運動的轟炸已伴隨我的成長嵌入到腦海中：資產階級是剝削階級，資產階級思想要嚴厲批判，這個「真理」是不容置疑的！作為一個政治上要求進步，積極靠近團組織的青年，我與安寧慢慢地疏遠了，雖然她父母對我很好，我們搬家時要認我為乾女兒、送我衣料，但這沒打動我心，我從來也沒答應過要做他家乾女兒。當察覺到輝哥想跟安寧好，我覺得不應該這樣，我寫了封信給輝哥，直接表示反對，我說你不知道安寧是嬌生慣養的小姐嗎？你是一個共青團員，一個工人怎能去追求資本家的女兒呢？我還把這件事比喻為保爾與冬妮亞的愛情最終不可能有結果，何必花了時間傷了感情。輝哥沒多作解釋，他在乎我這個妹妹的態度，從此就放棄了，結束了他第一次的初戀，也是惟一一次的愛情，因為我的荒唐，可笑的階級鬥爭觀念扼殺了他美好的感情，這是我對輝哥第一次的心靈傷害。我是一個什麼樣的罪人？也對不住兒時好朋友。安寧後來當了一名醫生，退休後隨兒子到美國定居。文革前，輝哥在嵊泗島打算逃往日本，曾與安寧聯繫要了一瓶安眠藥，可見安寧比我這個親妹妹更瞭解輝哥。文革時，輝哥出事了，因為這段傷心事，我更無以面對安寧。此事對安寧以及她父母的偏見，對輝哥戀愛的干涉是一道很深的傷疤烙在我心中，若他們心靈有知，能原諒我的無知和愚昧嗎？一個十九歲的青年情竇初開，美妙、神祕的初戀是人生中最純潔最珍貴的精神享受，失去了以後，次年57年，輝哥的噩運接踵而至，打成右派，主動下放到浙江嵊泗列島又過了六

年，他仍孑然一身。1966年春節，他回滬探親，已是近三十歲的大齡青年了，老鄰居馬叔叔有意把內姪女莎菲介紹給他，莎菲學醫剛大學畢業，自小與輝哥很熟悉，那時輝哥已預感到將要再次遭遇政治運動的巨大浪濤，他不忍波及無辜的人，婉拒了馬叔叔的牽線。從此只有對國家對人民的大愛壓倒一切，一心無兒女之情牽掛的他一步步走向了不歸之路。

　　58年我考取了上海交通大學，輝哥無法自己去圓大學的夢，對我的被錄取比我還興奮重視。那年暑假，他利用星期日教我騎自行車，雙手扶穩自行車的書包架，指導我蹬腳踏，把握龍頭，抬頭向前，一邊揮汗一邊跟著跑步保護我，以免我摔下來，當時學的車是一部寬胎、棕色的舊車，那一幕在腦中記憶猶新。進大學時他為我買書，買詞典，買文具，我沒想到的他都仔細為我考慮到了。

　　我從小喜歡文史地，理科不是我專長，當時國家號召建設，需要科技人才，我們大部分人毫不猶豫報考工科大學。58年大煉鋼鐵，我第一志願就報了交大煉鋼專業。而文輝哥言談中傾向我學習文科的歷史、新聞、哲學，以他自身為鑒，進工廠初一心專研技術，虛心向蘇聯專家學習，政治上無知卻使他戴上了右派帽子，像我這樣單純更經受不起政治風雨了，在矛盾中他最後同意我選擇走工程師的道路。

　　大躍進年代是瘋狂的年代，完全背離客觀經濟規律的結果造成了三年自然災荒，我們大學一年級在鋼鐵廠外農舍裡上的高等數學課，結果40％學生這門課不及格。

　　大學生活比中學輕鬆，我參加了學校藝術團話劇隊，暑假還參加摩托車學習和賽艇訓練，充分享受豐富的大學生活。

　　輝哥經歷了「五七」的劫難，58年又親自聆聽了父親被定為歷史反革命的庭審，他全心投入馬列理論的學習，越深入，越比較東西方的歷史和現狀，他慢慢梳理了政治和各項政策的脈絡，他多麼想把自己的心得與對世界各國的瞭解告訴我和弟弟們，尤

其想和我交流，引起思想上的共鳴。哪知道，我中了邪似的篤信馬列主義，崇拜毛澤東思想，其實根本不知其所以然，凡是現實中與黨的信條不一致的話語，都視為階級鬥爭新動向。對於輝哥的「離經叛道」言論我聽後十分不安與害怕，害怕最愛的輝哥走上反黨「邪路」。有一次回家，我對母親講，文輝哥思想與黨不同心，是否應該向他單位反映一下，說明他提高認識。母親把這話告訴了他，輝哥在驚愕之後暗中垂淚，母親對我說，你不可以向他單位反映。我這愚昧至極的想法虧得沒有實施，否則將給輝哥帶來滅頂之災。輝哥的傷心是痛惜最親的妹妹幾乎成為猶大，他花費巨大犧牲培養的妹妹已變成階級鬥爭的工具，他憤恨極權統治可以把善良的人變成吃人血饅頭的精神會餐者。文革後，回憶這段險些給輝哥釀成可怕後果的往事，仍舊心有餘悸，怎麼懺悔也不為過！

　　這件事發生後，失去了兄長推心置腹諄諄教誨的機會，輝哥給我寫信的內容、向我推薦閱讀書本雜誌都作了保留和取捨，等他到嵊泗島後，每次長長的信密密的字，點點滴滴希望澆灌我心靈的荒蕪。我印象中最多的是他會推薦我讀一些書，他借歷史上的故事來啟發我連繫今天的現實，如申討獨裁暴君秦始皇、商紂殘害忠良知識分子，有時也會適當透露在鐵幕下蘇聯人民過著什麼樣的生活，對西方社會中人民享有的自由民主權利和他們富裕的生活這些資訊，含蓄地、斷斷續續地傳遞在書信中，寫的多是歷史上名人哲人的警世格言。而我還是沉浸在簡單快樂的校園生活中，對他的苦心渾然不開竅，也沒有抽時間讀他推薦的書。他縱覽的是世界大事，政治經濟學、哲學、國學，中西文化的精髓昇華了他的精神世界；而我僅停留在閱讀幾本文藝名作，欣賞的是故事情節，主人翁的悲歡離合命運。一本《資治通鑑》，他在上面花了很大心血，寫了多少眉批心得，我連一頁都翻不下去，我們的知識層面越拉越遠。有時我回信會說他寫的內容太深奧，我看不懂；他回信批評我枉為大學生，卻看不懂只有初中文化兄

長的信。他對我大學中的思想成長傾注了全部心血，而我卻白白辜負了他的心。

59年大二時，我在話劇「火人的故事」裡演一個朝鮮族小姑娘，這個節目在上海大學生會演中得了優秀獎，他特意趕到學校看了我的演出，對我們的節目讚賞有加，能得到兄長的肯定我心裡也十分欣慰。

到了大四時，他很想把小學要好同學張某介紹給我，張某是高我一年的交大學生，畢業分配留校當了教師，輝哥事先沒有明說，約了張某在學校一起見我。而那時我已認識了現在的愛人，他是一名調幹生，黨員，從北京政法學院60年畢業，毅然報名去西藏工作，這種為國吃苦的精神使我肅然起敬，我們有書信來往。我只好告訴輝哥不打算再考慮其他人了。對我找一位共產黨員學政法的未來妹夫，他是擔心的，我們家惟一的共產黨員二哥又自覺成了黨的馴服工具，兄弟之間築起一條無法逾越的不同政見間的鴻溝，如今妹妹又要成為第二個馴服工具？65年我愛人從西藏回滬探親，輝哥從嵊泗回來，他想見見妹夫，瞭解一下他的人品。他們都是熱情坦率的人，我愛人回西藏時他還送上火車，相見也談了些對當時政策的看法，交談中曾爭論過一個問題，毛澤東提出「深挖洞、廣積糧、備戰備荒為人民」號召，全國又掀起大挖防空洞熱潮，輝哥早就洞察這是勞民傷財、轉移老百姓不滿的舉措，掩蓋了政策失誤造成的全國大饑荒的嚴重後果，製造要打仗一說是子虛烏有的謊言。而我愛人也是被長期洗過腦的人，對黨的政策、毛澤東權威從不敢有懷疑，可憐的輝哥先知先覺卻不被家人所理解。文革後，當年大批遷入三線的軍工廠又重新遷出來，深挖洞花費的巨大資金都打了水漂，越窮越折騰，使國家元氣大傷，老百姓生活更慘。

63年我大學畢業，滿腔熱情爭取到最艱苦的地方去，結果被分配到西北一軍工單位，專業不對口，夫妻長期分居。

64年底，我第一次回上海探親。我工作了，有了自己工資，

國家三年困難期過去了，隨著學習雷鋒運動的深入，社會洋溢著溫情互助，階級鬥爭的弦沒那麼緊了，我們的心情都變得輕鬆許多。終於找到一個報答兄長的機會，我約輝哥在上海見面，我陪他去蘇州遊覽，順便看望才結婚不久的二哥，這是他第一次也是惟一一次的外出遊玩。我們去了拙政園、獅子林、留園、虎丘等園林，這次相聚甚歡，我替他照了一些相，也是至今輝哥留下的惟一的一些風景照。在聳立的假山石前，他昂首遠眺的那張最能襯托他的性格、傳神他的精神氣質。回憶起在蘇州單獨陪輝哥的日子，心裡留下既甜蜜又淒涼的一絲慰藉。這幾天的日子太珍貴了！輝哥一生能偷閒幾天？屈指數來沒有！自從他到嵊泗島後，他把全部時間用在學習上，對共產黨政策毛澤東思想越瞭解越為國家人民擔憂。在這塊沒有自由沒有人權的土地上，他無法吶喊，無法去喚醒被蒙蔽的人民，人民在極權政治下無法瞭解現實真面目，歷史被遮蔽被編造。

短暫一生，節儉專研的輝哥，於1964年僅一次外出蘇州遊玩

　　65年還沒過完，批判「三家村」運動就猛烈地開展了，新一
輪知識分子批判風暴來臨時，輝哥對共產黨的政策澈底失望了，
我這個政治上僵化的腦袋也開始啟動了，我對吳晗、廖沫沙、鄧
拓的人品、學問是敬仰的，對羅織的莫須有罪狀產生極大的懷
疑。到了66年文革全面爆發時，在風暴的漩渦裡戾氣越聚越多，
我對毛澤東的崇拜已不再盲目了，經常拷問自己什麼才是我們追
求的理想社會。

　　輝哥在66年因策劃外逃事發，被判為反革命押送回上海改
造。聞訊，我背上一股冷氣襲來，依我對他的瞭解，往後的日子
是凶多吉少。

　　66年9月底我回上海待產生孩子，我有了與輝哥朝夕相處的
最後兩個月時間，我把陝西省文革的情況毫無保留地告訴他與他
交流，把一路上收集到的傳單交給他。我們真正能談得攏的時候
也就是這最後二個月。輝哥終於知道我這個無可救藥的妹妹醒悟
了，回頭不再受蒙蔽了。但事已晚了，在我回來前他已經書寫了
《駁文革十六條》，讓小弟串聯前投寄到全國十四個大學。若是
我早些回來，與他深入交談，他能信任我透露一點他的行動，我
會拼死勸阻他不能以命去抗爭，因為輝哥無論是理論功底、學術
素養已到了領先時代的層次，他應該韜光養晦，將來會對國家對
人民有更大的貢獻。可惜，我回滬時一切大錯都已鑄成。他沒有
告訴我，這時已不是擔心我不跟他一條心，而是不想親人為他擔
憂。我敬愛的兄長啊！你怎麼不稍稍愛惜一下自己，你是個有大
愛有大志向的人，國家、人民、家庭、親人需要你保護好自己，
不要輕易地把血拋灑出去，而你的死太叫人痛徹心肺！

　　在輝哥被捕的那天晚上，66年11月27日，小弟文忠剛從外地
串聯回來在樓上酣睡。冥冥之中，有第六感覺，使我整宿難眠，
心緒不寧，直到天亮時父親下樓告知小弟與輝哥被捕了，我雖然
不知他做了什麼，但確信他此次有去無回。

　　1967年春，中國大地風雨如磐，人民處於政治最黑暗的文革

初期。三十歲的三哥,已是滿腹經綸、見解超群。滿懷著對國家、人民強烈的責任心,憑著風華正茂、血氣方剛的大無畏精神,面對著腥風血雨的暴政,惟有把一腔熱血灑向人間去呼喚正義的覺醒,去感化愚民的麻木。在那個春天,你倒下得那麼轟轟烈烈,那麼悲壯!親人們在極權統治下,又繼續強忍了十幾年悲痛與思念之情。

文革十年過去了,正如你所預料,你當初反抗暴政的思想與行動一一被時代演變所證實,何其正確與光輝!你離開我們已數十年,雖然政治形式上得到了平反,但你的光輝事蹟與精神仍被當局遮掩,不敢公佈於世。我們多麼希望你的墓碑將來樹立在上海文化廣場,因為你是上海文革中第一個公開被槍殺在這屠場的人,是當之無愧的血祭文革第一人。我們希望你的靈魂重歸出生之地,返回你血染的土地。

回顧你的一生,在滬東船廠工作時,當人們勞累一天後早早鼾聲大作時,你卻風雨無阻騎行十幾里去復旦上夜大,在知識海洋中勤奮採蜜;在嵊泗海島,別人喝酒、打撲克消磨無聊歲月,你卻在蚊子密集包圍之中,挑燈苦讀到深夜,還堅持到大海裡追逐浪潮鍛鍊體魄;當人們在花月下忙著戀愛、逗弄孩子、享受溫暖小家庭幸福時,你卻在為國家前途擔憂,為老百姓命運認真思索,孜孜不倦地尋找真理。為家庭你節衣縮食過著苦行僧般的生活,沒捨得吃一頓美味佳餚,沒捨得穿一件像樣的衣服;為國家你把自己的生死置之度外,長歌對天哭!中華民族歷代傑出英豪的優秀品質亦在你身上完美體現。文革初期,有幾個人能像你那樣敢對毛澤東的荒謬階級鬥爭理論透徹地研究,並一針見血地抨擊其對國家對人民的禍國殃民的危害性?絕大多數百姓包括大批共產黨員被愚弄、擺佈成宗教式的頂禮膜拜;知識分子忍氣吞聲向淫威屈服;還有不少人喪失良知、為虎作倀;老幹部身陷囹圄不敢對領袖置疑,就連最耿直的彭大將軍至死還對毛心存幻想。在整個十幾億芸芸眾生之中,唯有你,我們最敬愛的好兄長,你

綜觀世界發展趨勢，堅持高舉民主、自由的旗幟，銳利地剖析獨裁者奴役人民的反動本質；你站在歷史巨人的角度，高瞻遠矚預見了中國今後發展的必然趨勢。我們悔恨沒有幫助你逃出這個一而再，再而三迫害你的牢籠！痛惜出類拔萃的你英年早逝，用武之地失去英雄！

　　天妒英才啊！我們內疚由於政治形勢的原因，至今還未等到能將你的事蹟公佈於眾的時機，但我們向你保證，在我們兄妹們有生之年一定會完成你在遺書中的囑咐：告訴中國人民，你劉文輝是為他們過上自由民主的好日子而犧牲的，讓您不屈的靈魂昭白天下。我們深信這一天為時不遠！

　　輝哥，安息吧！願你在天之靈看到中國真正民主、自由、富強的這一天！

紀念輝哥

陰霾密佈文革天，	神州混沌你獨醒。
真理在手蔑皇權，	「反十六條」橫空出。
願作警世普魯米，	熱血傾落化雷電。
遨遊書海一苦僧，	嵊泗島上復沉思。
泣血滴滴思重山，	書信頻傳寄厚望。
執迷愚妹枉讀書，	錯失教誨抱恨天。
每捧遺書熱淚盈，	字字句句皆精髓。
堪笑當年「太陽」落，	紅色寶書塵土埋。
先知先覺惟我兄，	文章預言同日輝。
廿載無時不追思，	痛定思痛損難補。

一紙祭文訴亡靈，　　魂兮歸來告親人。
花落自有花開時，　　蓄芳待發來年香！

文珠妹寫於一九八七年清明節
為輝哥立碑前

後記
薄薄的平反書，托不住輝哥沉重的災難

劉文忠

　　輝哥被捕於1966年11月底，被殺害於1967年3月23日，當時文化大革命剛剛開始六個月。1982年，經過三年的艱難上訴，輝哥終於昭雪平反。

　　「文革」結束後，中央經過兩年七個月的調查，核實「文革」有關數字是：七百四十五萬人受迫害，四百二十萬人被關押審查，一百七十二萬八千人自殺，單高級知識分子被逼跳樓、上吊、投河、服毒──非正常死亡達二十萬人。僅1970年，「一打三反」運動被「從重從快」判處死刑的「現行反革命」就有十三萬五千餘人，武鬥死亡二十三萬七千人，七百零三萬人傷殘，七萬一千二百個家庭徹底被毀、斬盡殺絕，非正常死亡者至少七百七十三萬人。『文革』初期，光北京有三萬三千六百九十五戶被抄家，有八萬五千一百九十六人被趕出北京城，全國被遣返原籍種田的『城市階級敵人』達四十多萬。1978年鄧小平說過一句話：文化大革命這種事，在西方國家是不可能發生的。我想，中國為什麼會成為冤假錯案的原產地和高產區？值得每個中國人深思。

　　毛澤東親手製造的十年「文革」浩劫，殘酷迫害了一億人（占全國總人數的九分之一），冤枉死亡了兩千萬人，損失了國民經濟八千億人民幣（見葉劍英在1978年12月13日中央工作會議閉幕式上的講話）。但「文革」最大的惡果不僅僅是這些，而是

從心靈上澈底對中國人民的精神、道德、信念進行了長達十年的無情摧殘，百般愚弄，事實上已造成了中國人民的信仰危機，這將深深影響幾代人。

文革結束後，鄧小平重掌治國安邦總舵，撥亂反正，挽救了黨，挽救了國家。但鄧同樣知道對毛澤東進行嚴肅的歷史評論，是一樁十分危險的政治事件，最大的風險是有可能要負「砍旗」的歷史責任。他認為即使像對史達林個人來個全盤否定，也沒有必要像赫魯雪夫那樣意氣用事的祕密報告，人身攻擊，然後又大喊大叫，把暴政罪責完全推在史達林一人身上。相反的是，鄧聰明地把文革全部罪責都記在林彪、江青兩個反革命集團帳上，對毛澤東只評價他「晚年的錯誤」，顯然大大沖淡了毛澤東對文革災難應負的個人責任。文壇前輩蕭乾先生說得好，「我們只抓住文革鬧劇的幾個演員，而沒有揪出導演，不揭露他的目的和後果，就無法保證沒有第二次文化大革命發生的可能。」這種黨內鬥爭，自我整頓的高超藝術，可說全世界未見，確具「中國特色」。然而，明眼人一看便心知肚明，對林彪集團、尤其對江青集團的審判，毛還是成了未點名的被告。江青在被告席上耍無賴，事事推到毛身上，她乞靈於已故丈夫，妄想毛的權威來為自己辯護，甚至大呼大叫「我是毛主席的一條狗，他讓我咬誰，我就咬誰。」她在法庭上還傲慢地引用1970年毛澤東接見美國記者斯諾時講的一句話「我是和尚打傘——一貫無法無天」。江青還在特別法庭上曝了一個不能公開的大料：毛主席給華國鋒寫『你辦事，我放心。』不是全部內容，至少還寫了六個字：『有問題，找江青』。「江青的話，等於告訴全國人民，四人幫的幫主不是別人，正是毛澤東。也難怪國外一致認為，中國只有「五人幫」。

共產黨的現實主義領導者們意識到，儘管內部認定毛澤東文革有罪，但十年動亂對共產黨來說是恥辱，是一件非常不光彩的事，允許任何人直截了當地、澈底地對毛澤東進行公開批評，允

許任何人公開紀念、回憶那些文革中因批評揭露毛獨裁暴政而被殺害的人，那等於政治上自取滅亡。他們意識到這種危險性，他們需要淡化這一段歷史，拼命要人民忘掉它，並把文革研究劃為禁區。

文革結束後，人民從毛專制下慢慢甦醒過來，凡讀過三哥劉文輝遺書的，無論是革命老幹部還是知識分子，無不動容，敬佩和感慨萬千。他的犧牲不同於排斥異己權力鬥爭中被殉葬的劉少奇、彭德懷、賀龍等老革命；不同於被焚書坑儒的吳晗、鄧拓、老舍等知識分子；也不同於反抗四人幫倒行逆施而遇難的張志新、遇羅克等烈士——許多血祭文革的烈士臨死都逃不脫對毛抱有的幻想和迷信。而劉文輝是站在歷史的制高點，站在世界發展的大視野角度上，對毛毫無頂禮膜拜的懦弱、媚俗，公開表示與毛鬥爭到底的人。他以死來證明「毛政權下有義士，在毛的紅色恐怖下，不做順民，甘做義士！」

輝哥被殺害時年僅三十歲，風華正茂，作為輝哥的唯一「同案人」，回憶他短暫而光輝的一生，心頭無時不在殷殷流血！

死者已矣，對生者而言，最重要的是對歷史真相的反省。多年來，作為親人的我們，迫切希望有良知的當年審訊和看守劉文輝的人員能向我們及世人揭示殘害真相，我在寫這本書時也曾幾次托人找到上海高院當年複查劉文輝案子的相關人員，希望已經平反的劉文輝檔案能公開，至少讓我們親屬瞭解當時整個複查的內幕經過與劉文輝案件的具體內容。這對我們家屬而言多麼珍貴，對我回憶寫這本書多麼重要，然而，託付人傳來消息，上面有嚴格紀律，劉文輝檔案絕對不能向外洩露，他們必須保密，也不願為之再犯林昭平反案洩露檔案這樣錯誤。

這幾年隨著我寫文革回憶錄，一直在反思與研究文化大革命。我認為：文革結束後大規模的清算歷史罪惡和平反冤假錯案，皆是在官方主導下進行的，主要受益者也是那些在毛澤東時代的內部權利鬥爭中失敗的權貴們，而民間並沒有徹底清算「文

革」罪惡和平反冤假錯案。記得當年在為輝哥上訴的那段時間，我就注意到凡遭到平反阻力的政治犯，幾乎都涉及所謂「惡毒攻擊毛澤東」罪。因為黨內高層憂慮：『清算了毛澤東，等於清算共產黨』。其實討還正義的道義正當性理應在民間，特別是應該在無數普通的受害者之中。同樣，輝哥的「右派」問題，把55萬知識分子戴上右派帽子，不僅是「不必要的」，而且是非法的。反右不僅僅是違反憲法了，甚至在中國的民法和刑法中都找不到其法律依據。建國初期的法典裡是找不到「反黨反社會主義」這一罪名的。僅憑的是獨裁者的「金口玉言」編造「右派」這一罪名，來迫害知識分子，把個人凌駕於黨和國家之上，更是非法的。而如此空前的政治大迫害，僅用一句「反右鬥爭的擴大化」就輕描淡寫地過去了，像對所有錯誤政治運動的平反書一樣，沒有問責、沒有認罪、沒有道歉、更沒有反省。讓人難理解的是，作為一個領袖，毛澤東在和平建設年代，所犯的錯誤的每一條遠比任何一個普通中國人嚴重千萬倍，而官方連提都不提，還把屍首擱在龍脈上！

所以，雖然輝哥已平反，我們仍無法獲得有關他被殺害前夕遭遇的真相，無法獲得他當年討伐暴政的光輝檄文，無法和關心民生關心社會的民間人士、知識分子一起公開紀念他，研究他的思想，探討其社會價值。可以說，一紙平反書，對於親人們和輝哥來說，只是一紙口頭空文而已！輝哥的思想並沒有得到真正的平反。這對於親人來說，仍舊是心中的深深哀痛，因為輝哥的犧牲沒有換得其應有的價值──社會的民主和人民的真正自由，正如三姐文珠所言，「每年你的祭日就成了我們最傷痛的日子。」

而今，我們兄弟姐妹九人，連最小的我也已年近七旬，依然在年復一年等待澈底清算文革的那一天。

薄薄的一紙平反書托不住輝哥沉重的災難。托不住所有文革中含冤而逝的亡靈。

揭示歷史真相是為了讓人們永遠銘記歷史的教訓，更關係到

民族的未來。正如一位知識分子所言：「中國正處在向民主自由
政體的轉型期，而這一轉型最大的障礙就是現行專制體制。毛澤
東作為這一體制的創立者，對中國人民犯下了深重罪行——他犯
下的罪是罄竹難書的。」只有真正澈底清算文革、聲討獨裁暴君
對人民的血債，才能對得起死去的烈士，撫慰親人的傷痛，才有
希望盼來真正民主自由的未來，中國人才有可能最終擺脫這場
噩夢。

　　我堅信終有一天，中國人民會澈底醒悟過來，將毛澤東的頭
像從天安門城樓上取下，將獨裁者的遺體遷移出天安門，將獨裁
者的虛偽的紀念堂改建為巴金代表的中國知識分子宣導的「民主
紀念堂」或「文革紀念堂」。

2009年12月11

血歷史71　PC0560

新銳文創
INDEPENDENT & UNIQUE

反文革第一人
——劉文輝烈士

作　　者	劉文忠
整　　理	裴毅然
責任編輯	林世玲
圖文排版	周政緯
封面設計	蔡瑋筠

出版策劃	新銳文創
發 行 人	宋政坤
法律顧問	毛國樑　律師
製作發行	秀威資訊科技股份有限公司
	114 台北市內湖區瑞光路76巷65號1樓
	電話：+886-2-2796-3638　傳真：+886-2-2796-1377
	服務信箱：service@showwe.com.tw
	http://www.showwe.com.tw
郵政劃撥	19563868　戶名：秀威資訊科技股份有限公司
展售門市	國家書店【松江門市】
	104 台北市中山區松江路209號1樓
	電話：+886-2-2518-0207　傳真：+886-2-2518-0778
網路訂購	秀威網路書店：http://www.bodbooks.com.tw
	國家網路書店：http://www.govbooks.com.tw

出版日期	2016年8月　BOD一版
定　　價	210元

國家圖書館出版品預行編目

反文革第一人 : 劉文輝烈士 / 劉文忠著 ; 裴毅然
整理. -- 一版. -- 臺北市 : 新銳文創, 2016.08
    面 ; 公分. -- (血歷史 ; 71)
BOD版
ISBN 978-986-5716-80-6(平裝)

1.劉文輝 2.傳記 3.文化大革命

782.887   105010551

讀者回函卡

感謝您購買本書，為提升服務品質，請填妥以下資料，將讀者回函卡直接寄回或傳真本公司，收到您的寶貴意見後，我們會收藏記錄及檢討，謝謝！如您需要了解本公司最新出版書目、購書優惠或企劃活動，歡迎您上網查詢或下載相關資料：http:// www.showwe.com.tw

您購買的書名：_____

出生日期：_____年_____月_____日

學歷：□高中 (含) 以下　　□大專　　□研究所 (含) 以上

職業：□製造業　□金融業　□資訊業　□軍警　□傳播業　□自由業
　　　□服務業　□公務員　□教職　　□學生　□家管　□其它_____

購書地點：□網路書店　□實體書店　□書展　□郵購　□贈閱　□其他

您從何得知本書的消息？

　□網路書店　□實體書店　□網路搜尋　□電子報　□書訊　□雜誌
　□傳播媒體　□親友推薦　□網站推薦　□部落格　□其他_____

您對本書的評價：(請填代號　1.非常滿意　2.滿意　3.尚可　4.再改進)

　封面設計____　版面編排____　內容____　文／譯筆____　價格____

讀完書後您覺得：

□很有收穫　□有收穫　□收穫不多　□沒收穫

對我們的建議：_____

_____

_____

_____

11466
台北市內湖區瑞光路 76 巷 65 號 1 樓

秀威資訊科技股份有限公司 收

BOD 數位出版事業部

....

（請沿線對折寄回，謝謝！）

姓　　名：＿＿＿＿＿＿＿＿　年齡：＿＿＿＿　性別：□女　□男

郵遞區號：□□□□□

地　　址：＿＿＿＿＿＿＿＿＿＿＿＿＿＿＿＿＿＿＿＿＿

聯絡電話：(日)＿＿＿＿＿＿＿＿＿　(夜)＿＿＿＿＿＿＿＿＿＿

E-mail：＿＿＿＿＿＿＿＿＿＿＿＿＿＿＿＿＿＿＿＿＿